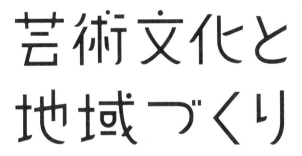

# 芸術文化と
# 地域づくり

～アートで人とまちをしあわせに～

古賀弥生

九州大学出版会

装丁　大村政之（クルール）

イラスト　坂田優子

# は じ め に

　前著『芸術文化がまちをつくるⅡ　地域活性化と芸術文化』（2011年3月刊
行）の冒頭で，このように述べた。

　「これまで多くの人々の努力によって芸術文化と社会がつながり，さまざま
な場面で子どもたちや高齢者，障がいのある方々の笑顔を支えてきた。地域
のために一肌脱ごうという住民の動きも促進されてきた。そのことの意味を，
『現場を見ればわかる』と言うだけでなく，あらためて『伝える』努力が求め
られている。」

　前著執筆当時，私は芸術文化事業や施策に関する評価のあり方に強い問題
意識を持っていた。制度をつくり予算の査定という形で現実の社会を動かす
人たちに現場のことを伝えられないもどかしさ。アート NPO 関係者として
の実践と，文化政策やアートマネジメントの研究を活動の両輪とする身とし
て，何ができるのかを自分なりに考えた末の拙稿の書籍化だった。授業を担
当させてもらういくつかの大学で，芸術文化の力を活用した地域活性化とは
どのようなことなのか，その活動を支えているのは誰かを学生に「伝える」
際の資料として活用してきたが，どれだけの社会的インパクトを起こすこと
ができたのか，はなはだ心もとない。しかし，私は私にできることをやるし
かない。
　東日本大震災の発災は前著の刊行直前のことだった。「地域社会の絆の維持
及び強化」も文化施設の使命であることが盛り込まれた「劇場，音楽堂等の
活性化に関する法律」（2012年）の施行のほか，2020年東京オリンピック・パ
ラリンピック開催を一つの契機とする法の改正・制定，計画の策定や制度の

新設など，この10年足らずの間に，芸術文化と地域や社会をめぐる環境には大きな変化があった。こうした変化への対応に迫られ本書を執筆した。伝えたいこと，前著に託したことと変わらぬ想いをあらためて表明したい。

　「芸術文化は，人を元気にし，まちを活性化する。
　全国各地で展開されている多くの事例をもっと広く知らせたいし，その現象の背景や要因について整理・理論化することも必要だ。そして，こうした活動を『誰か』がやってくれるのではなく，『私』がやると，一歩前へ足を踏み出す人がひとりでも増えてほしい。」

　本書は，主に初学者の方に向けて，各地の事例をもとに芸術文化と地域，そして社会の関係性を整理し，その担い手たちの活動の実際を知っていただき，「自分もできることをやってみよう」と一歩踏み出していただくことを目的として執筆したものである。
　どなたかの背中を押すことができるのならば幸いである。

古賀弥生

# 目　　次

＊本文に関する注釈及び参考文献は各章ごと章末に掲載した。
　参考文献については，本書からさらに学びを進める方のために，本文で直接
　的にふれていないものでも，その章のテーマに関して勉強する際に参考にな
　ると思われるものも掲載している。
＊参照したホームページはすべて2019年9月現在でアクセス可能であることを
　確認したものである。

# 第1章　芸術文化と地域づくりの関係

# 第1章　芸術文化と地域づくりの関係

　音楽や演劇，美術，映像，ダンス等の芸術について話題にするとき，「アート」「芸術文化」「文化芸術」など，さまざまな言い方がされる。言葉の定義は難しいものだが，本書でとりあげる主な領域をわかりやすくするために整理をしておこう。

## 1.「文化芸術」と「芸術文化」

　『広辞苑』（第六版　岩波書店　2008年）によれば「文化」とは「①文徳で民を教化すること。②世の中が開けて生活が便利になること。文明開化。③（Culture）人間が自然に手を加えて形成してきた物心両面の成果。衣食住をはじめ科学・技術・学問・芸術・道徳・宗教・政治など生活形成の様式と内容とを含む。文明とほぼ同義に用いられることが多いが，西洋では人間の精神的生活にかかわるものを文化と呼び，技術的発展のニュアンスが強い文明と区別する。⇔自然」である。また，「芸術」とは「①［後漢書孝安帝紀］技芸と学術。②（Art）一定の材料・技術・身体などを駆使して，鑑賞的価値を創出する人間の活動およびその所産。絵画・彫刻・工芸。建築・詩・音楽・舞踊などの総称。特に絵画・彫刻など視覚にまつわるもののみを指す場合もある」と定義されている。

　私たちが日ごろ親しんでいる音楽，演劇，美術などを指す言葉としては，「文化」の③，「芸術」の②の説明が近いものだといえるだろう。

　ちなみに文化芸術基本法（2017年改正）では，「文学，音楽，美術，写真，演劇，舞踊その他の芸術」「映画，漫画，アニメーション及びコンピュータその他の電子機器等を利用した芸術（以下「メディア芸術」という。）」「雅楽，能楽，文楽，歌舞伎，組踊その他の我が国古来の伝統的な芸能（以下「伝統芸

能」という。)」「講談，落語，浪曲，漫談，漫才，歌唱その他の芸能（伝統芸能を除く。）」「生活文化（茶道，華道，書道，食文化その他の生活に係る文化をいう。）の振興を図るとともに，国民娯楽（囲碁，将棋その他の国民的娯楽をいう。）並びに出版物及びレコード等」「有形及び無形の文化財並びにその保存技術（以下「文化財等」という。）」「各地域における文化芸術の公演，展示，芸術祭等への支援，地域固有の伝統芸能及び民俗芸能（地域の人々によって行われる民俗的な芸能をいう。）」などを振興の対象として記載しており，「文化芸術」という言葉でこうした領域を網羅的に表現していると思われる。これにならってか，自治体の文化行政でも行政の対象とする領域を「文化芸術」という言葉で表し，ほぼ国と同様の分野を指している例が多い。

また，「芸術文化」という言葉については，自治体の文化振興条例，文化振興計画等では「文化芸術」の領域の中でも主に「芸術」を中心とした分野を指す場合に使用されることが多いようである。

本書は，芸術を中心とした分野における活動が地域や社会と具体的にどう関わるのかを明らかにし，そうした活動の担い手についても考察することを目的としている。したがって，本書では「芸術文化」という言葉を主に使用することとしたい。本書における「芸術文化」は，個別の芸術領域を指すというより，以下のような力を持つものとして捉えている。

●想像力（imagination）と創造力（creativity）を駆使して行う活動
●ふつうは見えない，聴こえないものを鋭敏な感覚でとらえて表現するもの。場合によっては通常気づかない地域や社会の問題点をえぐり出したり，課題を解決する糸口を見つけたりすることもある。

## ２．「地域」と「社会」

本書では，芸術文化が地域や社会と関わる領域について述べていくが，この場合の「地域」と「社会」の区別についてもあらかじめ明らかにしておきたい。

　「地域」は，空間的なまとまりのある範囲を指し，人々の生活，社会的・経済的活動等に密接に関わる一定の土地の範囲と捉えることが一般的である。生活者として身近な「地域」は，集落，町内，小学校区，自治体などの単位を意味することになるだろう。

　これに対して「社会」は，さらに多様な意味を含んでおり，例えば「複数の人びとが持続的に一つの共同空間に集まっている状態，またはその集まっている人びと自身，ないし彼らのあいだの結びつきを社会という」（百科事典マイペディアによる）などと定義される。つまり家族，学校，会社，国家などを包含し，「地域」もその一部とするが，空間のまとまりだけでなく，「世間」ともいうような人の結びつきに着目した概念と理解できる。

　本書では，個人にとって身近な空間的まとまりを「地域」とし，「地域」よりもさらに広い空間や個人の結びつきの単位として「社会」という語を用いることにする。

## 3．芸術文化と地域づくり

　ここではまず，私たちにとって身近な地域について，芸術文化とどのように関わりがあるのかを考えてみよう。

　芸術文化と地域の関係を考えるとき，その方向性は二つある。

　一つは，芸術文化の側から地域へ向けて発信されるベクトルで，芸術文化を振興し，その魅力を地域や人々に伝えようとする考え方である。さまざまなジャンルの芸術文化について，その楽しみ方を伝授することによりファン層を拡大する活動や，文化施設に行くことが困難な何らかのバリアを有する人々に対して芸術文化を届ける活動などが含まれる。

　もう一つは，地域の側から芸術文化の持つ力を活用し，芸術文化による地域活性化を図ろうとする考え方である。この考え方では，芸術文化を個人の趣味や娯楽の領域に留めず，地域課題の解決や市民による地域づくり活動と結びつける。近年，この考え方から，総合的な地域政策の中心概念として位置づける事例が日本の各都市で増えつつある。

6

図1-1 「芸術文化振興」と「芸術文化を通じた地域振興」

「芸術文化振興」……芸術文化を元気にすること

芸術文化 → 地域 ←

「芸術文化を通じた地域振興」……芸術文化で人や地域を元気にすること

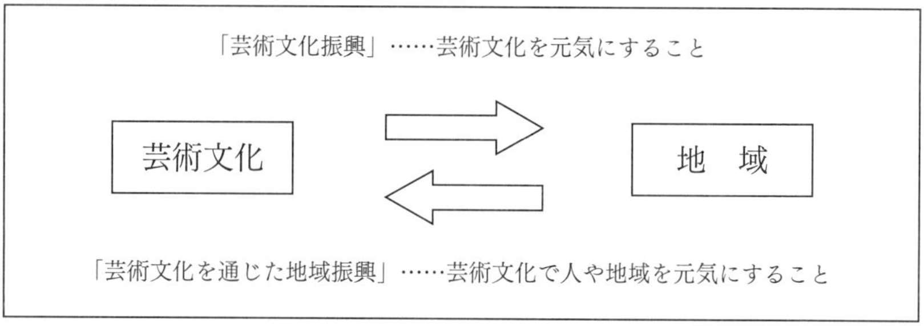

　しかし，芸術文化の持つ力を地域に生かすためには，その力の根源である芸術文化自体が地域において力強く展開されていることが重要で，地域の側が一方的に芸術文化団体やアーティストを利用するようなことはあってはならない。「芸術文化振興」と「芸術文化を通じた地域振興」のバランスをとることが重要であることは理解しておく必要がある。

　では，「芸術文化を通じた地域振興」とは具体的にどのようなことを指すのだろうか。そうした活動はどんな条件のもとで可能になり，どのような人々が担うのか。本書はこの点を中心的な関心事としてとりあげ，さらに地域とは区別される社会にとって芸術文化はどのように関わるのかにも言及する。

## 4. 芸術文化と地域づくり
### ～二つの側面～

　地域振興は市町村や集落など一定の地区において経済などが活性化することを指し，地域づくりとも表現される。では，芸術文化と地域づくりにはどのような関係があるのだろうか。
　芸術文化と地域づくりの関係には大きく二つの側面がある。
　一つは，人々の生き甲斐や生活の質の向上に貢献する場面である。このことには，観劇や絵画鑑賞を楽しんだり，自ら楽器を演奏したり，趣味で芸術

文化に関わることによって生活にうるおいをもたらすことも含まれるが，それだけではない。教育や福祉，医療など，人々の生活に身近な領域に芸術文化が働きかけることで，生きる力を育み，よりよい生を送ることができるようになる。芸術文化のこうした作用は「人づくり」に貢献するものといえるだろう。

　もう一つは，人々が暮らす地域や都市のレベルで，芸術文化によって課題解決が図られ，経済効果がもたらされるなどの場面である。心ない落書きやゴミの散乱で暗く危険な感じがする高架下がアーティストと地域住民による壁画の制作で明るく心弾むような場所に生まれ変わった例などは，報道などで目にすることも多い。それだけではなく，アートイベントによる商店街の活性化，もっと大きな地域全体に及ぶ観光客誘致の目玉としての文化施設の設置，さらには産業構造の変化から停滞気味であった都市全体の再活性化に芸術文化の創造性を活用しようという「創造都市（クリエイティブシティ）」の理論の実践なども大都市を中心に見られるようになっている。芸術文化のこのような働きは「街づくり」に作用している。

　「人づくり」と「街づくり」，両方をあわせて芸術文化と「地域づくり」の関係が明らかにされる。一般には「地域づくり」といえば地域経済の活性化とほぼイコールのように受け止められることが多いように思われる。しかし，地域が元気になるためには，そこに住む人々が元気でなくてはならない。元気な人々がわが地域の将来を真剣に考え，地域の活性化のために自ら行動する，そんな地域でなくては元気な地域とはいえないだろう。アートイベントの開催や文化施設の建設でまちが活性化するものではなく，その地域で暮らす人々が地域への愛着や誇りを胸に，地域のあるべき姿を真剣に語り合い行動することこそ重要であり，そのために，人々が創造性を発揮できるような土壌を芸術文化でつくることが求められているのである。人が元気で，元気な人が地域を元気にし，元気な地域に元気な人々が集まってくる。このサイクルに芸術文化の持つ力が作用することが「芸術文化を通じた地域振興」，つまり芸術文化による地域づくりであるといえよう。

　芸術文化による「人づくり」と「街づくり」の事例については，第2章以下の各章を参照していただきたい。

図1-2　芸術文化による地域づくり

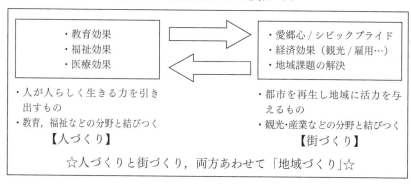

## 5. 芸術文化による地域づくりの多様な担い手

　このような「芸術文化を通じた地域振興」に関する活動は，その地域の運営に関わる多様な当事者がその担い手となっている。本書では，地域における文化政策の最前線を捉え，行政だけでなく企業やアートNPO等による活動の紹介にも紙幅を割いている。「政策」というともっぱら行政が担当するもので，市民，NPO，企業等はその客体となるか，あるいは行政が用意した場で「参画」するものであるという捉え方もあるが，実はNPO，企業も行政と並び立つ地域文化政策の担い手なのである。また，市民（NPO），企業，行政等，多様な担い手が，それぞれに持っているさまざまな資源（＝強み）を持ちよることで，単独では得られない効果が期待できる。

　以下，本書は大きく分けて二つの内容から構成される。
　前半は芸術文化と地域のさまざまな分野との関わりを描き，その理論について述べる。第2章では芸術文化と人づくりの関わりに関する事例を学校教育との関係から，そして第3章では子どもの頃の芸術体験が人々の成長にどのような影響を及ぼすのか，検証を試みる。続く第4章では，芸術文化と人づくりの関わりを医療や福祉の領域との関係から描いてみる。第5章では芸術文化と街づくりについて事例を挙げて理解を深め，第6章と第7章では芸

術文化の力を活用した総合的な都市政策・地域政策としての創造都市論や創造的な地域のあり方を考える。

　続いて後半は，芸術文化と地域の間をつなぐさまざまな主体をとりあげる。第8章では文化ホール，第9章は行政，第10章は企業が芸術文化と地域づくりに関して果たす役割について述べ，第11章ではアートNPO，アートボランティアなどの活動と運営実態について検討する。

　そして最終章の第12章では，芸術文化による地域づくりから，芸術文化による「社会づくり」にも視野を広げていく。

第 **2** 章　芸術文化と人づくりⅠ

～学校教育でのアーティストによる取り組み～

# 第2章　芸術文化と人づくりⅠ

　芸術文化は地域づくりのベースとなる人づくりにどのように関わるのだろうか。第2章では，学校にアーティストを派遣し体験型の授業を行う取り組みを通じて，学校教育と芸術文化の関わりを見てみよう。

## 1．学校にアーティストがやってくる
### ～アーティスト派遣の意義～

　アーティストを学校に派遣し子どもたちと関わることを促進する活動は，全国で広がりを見せている。この背景には芸術文化と教育という異なる分野が交流することで大きな効果が得られるという認識の高まりがある。このような活動は，アーティストによる技の披露を鑑賞することに留まらず，子どもたちがアーティストと一緒に創造活動を行うなど能動的な取り組みであることに特徴がある。アーティストがやってきた現場での子どもたちの生き生きとした姿からその意義が体感され，各地に広がりを見せているのである。

　学校にアーティストを派遣し授業や課外活動などを行う動きは，2002年度の学習指導要領改訂により総合的な学習の時間が導入されることが決定し，一部の学校で先行する試みが行われるようになった2000年前後から広がり始めた。それ以前にも熱心な教員が独自にアーティストを授業に招くことはあったが，アーティスト派遣のシステムが整備されるようになったのはこの時期である。その後数年のうちに，後述するような全国各地のアートNPOが同種の活動をそれぞれのスタンスで行うようになり，さらに企業・行政・教育委員会との緊密な連携による仕組みづくりへ展開している。

　このような活動が急速に広まり，現在も注目を集めている理由は，アーティストが子どもと関わる，すなわち芸術文化と教育という異なる分野が交流す

ることで大きな効果が得られるという認識が高まっているからである。一般
社団法人地域創造の調査研究報告書[1] によると，アーティストが学校に出向
いて行う授業を実施した教員の5人に4人が「感受性」を，5人に3人が「表
現力」を，2人に1人が「想像力」や「コミュニケーション能力」を育む効
果があると回答している。

　また，アーティストが学校に入り，子どもたちと共に活動することの意味
について，「トヨタ・アートマネジメントフォーラム2007」（2007年3月3日
開催）の分科会「なぜ，いまアートなの？─アートの力，アートの社会的価
値を考える─」[2] の参加者による議論では以下のようにまとめられている[3]。

① 学校の通常の授業で行う机上の読み書きだけでなく，そこに創造的な
　手法を使うことで，知的好奇心を自ら喚起させて学力の土壌を豊かに，
　基礎の土台を強固にすること。
② 高度化する学力に対してバランスよく，他人との協調やコミュニケー
　ション能力を学ぶこと。また，他人に対して自分の考えを伝えられる
　ようになること。
③ 既存の社会の枠に収まりきらない能力や個性を持つ人々の多様性を認
　め合い，さまざまな価値観・個性をもった人々が共存できる社会をつ
　くりだすこと。

　上記①は従来の学校教育の範疇における学力向上にもアーティストによる
活動が貢献できることを述べており，②は生きるうえで学力以外に必要とさ
れる個人の能力の醸成に芸術文化が力を発揮できることを，③ではさらに共
生社会を創出することにもつながりうることを述べている。学校と芸術文化
をつなぐ活動の広がりからは，現在の社会の中でよりよく生きる力，変化を
続ける社会に対応する力を育てることに加え，社会の変革にも芸術文化が貢
献することが期待されている状況が読み取れる。

## 2．アーティストによる学校での取り組みの広がり

　アーティストを学校に派遣し授業や学校行事に関わる，あるいは放課後等に子どもたちとともに活動する動きは全国に広がっている。そのなかで NPO 法人等と行政との連携によって仕組みが構築されている事例，さらに行政の政策による展開の例を紹介したい。

### （1）　NPO 法人芸術家と子どもたち[4]

　学校へのアーティスト派遣の草分け的存在である NPO 法人芸術家と子どもたちは，その名のとおり芸術家と子どもたちが出会う機会をつくり出す活動を続けている。1999年に活動を開始し2000年からアーティストが小学校へ出かけていって，先生と協力しながらワークショップ型の授業を実施する活動 ASIAS（エイジアス）がスタートしている。

　エイジアスは作品をつくるという「結果」よりも，むしろそのプロセスや，そこで行われるコミュニケーションを大切にし，子ども・学校・アーティストの三者にとって得るものがあるプロジェクトとすることを重視している。

　エイジアスの活動は，先生・職員からの直接の依頼や，協働する教育委員会や自治体などを介した依頼などにより，事務局である芸術家と子どもたちのスタッフがコーディネーターとなって，授業内容や要望に適したアーティストを選定し，アーティストと先生・職員による授業・活動づくりのサポートを行う。

　2018年度は幼稚園，児童養護施設等も含め，88件（92校・園・施設）の活動が行われた[5]。

### （2）　横浜市芸術文化教育プラットフォーム[6]

　横浜市芸術文化教育プラットフォーム（以下プラットフォーム）は，「官民協働による芸術文化教育プログラムの展開のためのゆるやかに連携する仕組

みづくり」のため2008年3月に設立された。

　NPO法人STスポット横浜，公益財団法人横浜市芸術文化振興財団，横浜市教育委員会，横浜市文化観光局が運営を担い，STスポット横浜が中心となって事業を推進し，次世代を担う子どもたちのコミュニケーション力や創造力等をはぐくみ，豊かな心を養うことを目的としている。2018年度は，音楽・演劇・ダンス・美術・伝統芸能などのアーティストが，小中学校，特別支援学校をあわせて142校に派遣された。これらの活動のコーディネートは横浜市内の文化施設や，市内外のアートNPOなど民間の芸術団体等38団体が担当した[7]。

### （3）　文化庁「文化芸術による子供育成総合事業」

　NPO法人芸術家と子どもたちの活動が端緒となり，全国のアートNPO等による学校での活動が動き出した。その活動を行政や企業が支える取り組みも広がりを見せている。

　国においても，特に芸術を通じた子どものコミュニケーション能力の育成に力点をおいた施策として2010年5月に「コミュニケーション教育推進会議」を設置し，同年から文化庁の事業として「児童生徒のコミュニケーション能力の育成に資する芸術表現体験」を展開し，アーティストと教師の連携によるワークショップ型の授業の実施を開始した[8]。

　この取り組みは2019年度現在，文化庁の「文化芸術による子供育成総合事業」に引き継がれ，児童生徒が協働して正解のない課題に創造的・創作的に取り組む活動を通してコミュニケーション能力の育成を図る「コミュニケーション能力向上事業」やアーティストによる実技披露のほか実技指導も含む「芸術家の派遣事業」として展開されている[9]。


## 3．海外における取り組み

　諸外国におけるアーツ・イン・エディケーションの取り組みについてはニッ

セイ基礎研究所の吉本光宏氏のレポートに詳しく紹介されている [10]。

　吉本氏によれば，学校教育における芸術文化の可能性を広げる取り組みは，日本に先立ちイギリスやアメリカで1990年代から始まった。アメリカでは80年代に財政危機のため教育予算が削減され，芸術科目も大幅に削減されたが，このことがきっかけとなり文化施設や芸術団体等が学校と連携した取り組みを展開するようになったといわれている。また，注目すべき事例として，イギリスのクリエイティブ・パートナーシップにふれている。クリエイティブ・パートナーシップは，アーティストだけではなくクリエイティブな仕事を行うさまざまな専門家を学校に派遣し，学校改革も含めた斬新なプログラムを専門家と教師がともに取り組むものであった。イギリスの文化・メディア・スポーツ省と教育技能省が2002年 4 月に立ち上げ，イングランド芸術評議会の主導で具体的なプログラムが実施された [11]。

　そのほかアジア諸国における事例なども紹介しつつ，吉本氏は日本の現状について「諸外国の事例と比較すると，決して十分とはいえない」という。「芸術やクリエイティブな教育は，子どもたちの創造力や感性を養うだけではなく，そのことが，将来の日本の経済や産業を支える人材育成につながる，という意味からも極めて重要」であり，アート NPO との協働も含めた政府の取り組みを促している。

注
1 ）　一般社団法人地域創造「新［アウトリーチのすすめ］〜文化・芸術が地域に活力をもたらすために〜」（2010年）報告書本編 p. 8 参照。
　　http://www.jafra.or.jp/j/library/investigation/20-21/data/20-21_1.pdf
2 ）　トヨタ・アートマネジメントフォーラム HP http://www.nettam.jp/forum07/参照。参加者は「NPO 法人 S-AIR」「NPO 法人芸術家と子どもたち」「NPO法人 ST スポット横浜」「子どもとアーティストの出会い」「アートサポートふくおか」「NPO 法人前島アートセンター」のコーディネーターたちであった。
3 ）　「アーティスト・イン・スクールにできること」は，フォーラム分科会の配布資料に記載されている。
4 ）　NPO 法人芸術家と子どもたち HP https://www.children-art.net/ 参照。
5 ）　NPO 法人芸術家と子どもたち HP 掲載の「2018年度活動実績一覧」参照。
6 ）　横浜市芸術文化教育プラットフォーム HP http://y-platform.org/ 参照。
7 ）　横浜市芸術文化教育プラットフォーム HP 掲載の「横浜市芸術文化教育プ

18

ラットフォーム学校プログラム 平成30年度事業報告書」参照。

8） 文部科学省 HP「芸術表現を通じたコミュニケーション教育の推進」
http://www.mext.go.jp/a_menu/shotou/commu/1289958.htm 参照。

9） 文化庁 HP「文化芸術による子供育成総合事業」
http://www.kodomogeijutsu.go.jp/index.html 参照。

10） 吉本光宏「"アート"から教育を考える」（『ニッセイ基礎研究所 Report』
2007年7月号）
http://www.nli-research.co.jp/report/report/2007/07/repo0707-2.pdf 参照。

11） クリエイティブ・パートナーシップはその後休止され，別の枠組みによる
展開となっている。

# 第3章 子どもの芸術体験の意義

～ドラマスクール＆ミュージカル制作「子どもの時間」～

# 第3章　子どもの芸術体験の意義

　前章では，芸術文化と教育の関わりについて，特に学校教育にアーティスト等が関わる例を中心に紹介した。

　学校教育だけでなく，子どもが日常的に過ごす地域においても文化団体や文化施設によって子どもたちに芸術体験の場を提供する活動が行われている。子ども時代に経験した芸術文化に関わる経験は，その後の生き方にどのように影響するのだろうか。こうした活動の成果は必ずしも数値で表現できるものではないが，子どもの時の経験を大人になって振り返ることで，その経験から得たものを整理することは可能かもしれない。

　この章では，1996年〜97年に福岡県内2ヵ所の会場で実施された，子どものためのドラマスクール＆ミュージカル制作「子どもの時間」の例をもとに，芸術体験の意義の一端を明らかにしてみよう。


## 1．教育のための演劇的活動

　日本で行われている，子どもの教育のための演劇的な活動にはさまざまなものがある。学校で行われているものでは，大人が演じて子どもに見せる演劇鑑賞教室や，子どもたち自らが演じる学校劇がその典型であろう。

　欧米では古くから多様な手法で演劇が教育に取り入れられている。欧米での活動では，「ドラマ」と「シアター」という二つの言葉が使い分けされている。「シアター」が演じ手と観客のコミュニケーションに重点を置く活動であり，伝えるための技術的な要素が重要な割合を占めるのに対し，「ドラマ」は体験するその人自身の活動であり，人としてより豊かに感じ，考え，行動する力を育むものであるといわれる。

　ドラマ教育の第一人者であるブライアン・ウェイは，「ドラマ」の役割につ

いて次のように述べている。

「さまざまの単純な疑問のうち，情報に関するものには知的教育が，直接経
験に関するものにはドラマが解答する。例えば，ここに『盲人とは何ですか』
という質問があったとする。答はきっと『盲人とは目が見えない人のことで
す』となるだろう。しかし，こんな答も考えられはしまいか。『目を閉じてご
らん。ずーっとつぶったままでいるんだよ。この部屋の出口を探してごらん』。
初めの答はまさしく正確な情報であり，知的満足を与えるものである。後の
答は直接経験に訴え，知的理解を越えて，心と魂に触れるものである。これ
が端的に言ってドラマの役割である。」[1]

「ドラマ」の活動は「生き方の練習」ともいわれ，こうした活動が日本でも
取り入れられ定着しつつある。
　福岡と飯塚で行われた「子どもの時間」の取り組みは，こうした「ドラマ」
の活動の一環といえる。次節でその内容を詳しく見てみよう。

## 2.「子どもの時間」[2]

「子どもの時間」は，福岡県子ども劇場連絡会（現在は NPO 法人子ども劇場
福岡県センター）が子ども劇場創立30周年を記念して取り組んだ事業である。
福岡市，（財）アクロス福岡（現在は公益財団法人），（財）飯塚市教育文化振
興事業団（同）と共同で，自らが表現し創造する活動を通じて子どもたちを
心豊かに育むことを目的として実施された。1996年から97年の約1年3ヵ月
にわたり，福岡と飯塚の子どもたちによる表現活動と，それを支える大人の
スタッフ養成をセットとして取り組んだ事業であった。
　子どもたちの活動は，主に演劇的手法を取り入れた教育プログラムである
「ドラマスクール」と，その過程で創作された作品をステージで上演する
「ミュージカル制作」の二つの過程に分かれていた。「ドラマスクール」では，
参加者自身が楽しみながら自己発見，自己実現をしていく段階から，参加者

間や観客とのコミュニケーションを活性化させ他者に伝えるための表現活動
まで，段階を追って体験するプログラムが実施された。「ミュージカル制作」
では，「ドラマスクール」で子どもたちから表出された言葉や動きをもとに，
プロの脚本家，演出家，作曲家，振付家等によって作品が創られていった。
小学生から高校生まで，飯塚では約50名，福岡では100名を超す子どもたち
が参加し，30回以上の活動を重ねていった。

　同時並行で実施された大人のスタッフ養成は，ミュージカル本番の舞台を
支える音響・照明等の技術スタッフ養成と，「ドラマスクール」で子どもたち
をサポートするスタッフ養成の2種類が行われ，福岡・飯塚両会場とも一般
公募で集まった人々を対象に行われた。特に「ドラマスクール」のスタッフ
については，この事業の終了以降，地元でこうした活動を継続していく専門
家の養成を視野に入れて行われ，養成講座を受講すると同時に「ドラマスクー
ル」の進行に実践的に関わっていった。実際にこの時スタッフとして関与し
た人々の中から，子どもの表現活動に関する活動を継続して行う人材が出て
いる。

　「子どもの時間」の事業実施以降，福岡県内のいくつかの地域では公立文化
施設の主催，あるいは市民実行委員会等の事業として，同種の事業が継続的
に展開されている。

　1年3ヵ月にわたる活動の流れを整理したのが表3-1である。また，参加
者，スタッフの数については表3-2に示している。


## 3．大人になった参加者は今

　「子どもの時間」に参加した約150人の子どもたちは今，成人し，学生・社
会人になっている。この活動をきっかけに演劇の魅力に目覚め，東京で演劇
活動を行っている人，演劇を通じた教育的な活動の有効性を知り，「子どもの
時間」と同趣旨の演劇ワークショップを指導する立場になった人，直接的に
演劇と関わる活動をしているわけではなく，教員や会社員として働く人……
その後の人生はさまざまである。

24

表3-1　ミュージカル「子どもの時間」実施までの流れ

| 時　期 | ドラマスクール＆ミュージカル制作 | スタッフ養成 | 舞台制作スタッフ養成 |
|---|---|---|---|
| 1996年5月 | 参加者公募 | スタッフ養成講座（1回目） | |
| 6月 | 面接による選考で福岡115名，飯塚55名の小中高校生の参加が決定 | | 舞台制作講座開始（全30回）。舞台機構，照明，音響等に関する理論と実習で構成 |
| 7月 | ドラマスクール開始（月2回隔週土曜日に実施。福岡39回，飯塚31回）導入期：自己発見や他者とのコミュニケーションに重点をおいた活動 | スタッフはドラマスクールに参加し経験を重ねる | |
| 9月 | 福岡・飯塚合同合宿 | スタッフ養成講座（2回目。開始から計30回開催） | |
| 10月 | ドラマづくりⅠ期：即興劇づくりと発表。〜12月 | | |
| 1997年1月 | ドラマづくりⅡ期：ミュージカル制作の基礎づくり。〜3月 | 地元演出担当者をおく | |
| 3月 | 合宿。ドラマスクールの総仕上げ。「子どもの時間」の作品づくり開始 | | |
| 4月 | ミュージカル制作の活動本格化 | | |
| 6月 | | | 劇団「いちご座」の公演で実習。以降，「子どもの時間」の練習に参加し，舞台プランを制作，実習を重ねる |
| 8月 | 本番前集中練習（4日間）17日福岡公演（アクロス福岡）24日飯塚公演（イイヅカコスモスコモン） | | |

出典：太宰久夫・山田真理子編著『子どもたちの輝く時を求めて　ある表現教育実践　ドラマスクール＆ミュージカル「子どもの時間」』

表3-2　「子どもの時間」参加者数

参加した子ども

| 会　場 | 小学生 | 中学生 | 高校生 | 男 | 女 | 計 |
|---|---|---|---|---|---|---|
| 福　岡 | 62（65） | 30（37） | 9（13） | 27（31） | 74（84） | 101（115） |
| 飯　塚 | 29（31） | 19（20） | 4（4） | 16（16） | 36（39） | 52（55） |

ボランティアスタッフ，ドラマスクールスタッフ

| 会　場 | 男 | 女 | 計 |
|---|---|---|---|
| 福　岡 | 7（11） | 9（15） | 16（26） |
| 飯　塚 | 4（6） | 9（13） | 13（19） |

舞台製作スタッフ

| | 男 | 女 | 計 |
|---|---|---|---|
| 全　体 | 8（18） | 18（35） | 26（53） |

注）いずれの表も（　）内は開始時
出典：前掲書

表3-3　「子どもの時間」調査対象者

| No. | インタビュー時の年齢 | 性別 | 会場 | 現在の職業 | 参加当初の年齢 | 経験年数 | スタッフ経験 |
|---|---|---|---|---|---|---|---|
| 1 | 26 | 女性 | 飯塚 | 中学校教師 | 中1 | 約5年 | 有 |
| 2 | 25 | 男性 | 飯塚 | バス運転士 | 小6 | 約1.5年 | 無 |
| 3 | 23 | 男性 | 飯塚 | 会社員<br>（食品関係・営業） | 小3 | 約4年 | 無 |
| 4 | 29 | 女性 | 飯塚 | 介護福祉士 | 高1 | 約1.5年 | 有 |
| 5 | 25 | 女性 | 福岡 | 会社員<br>（出版社営業・記者） | 小5 | 約5年 | 有 |
| 6 | 22 | 男性 | 福岡 | 求職中 | 小2 | 約6年 | 有 |
| 7 | 23 | 女性 | 福岡 | 会社員（宝飾店店長） | 小3 | 約4年 | 無 |
| 8 | 25 | 女性 | 福岡 | モデル・派遣社員 | 小6 | 約1.5年 | 無 |
| 9 | 23 | 女性 | 福岡 | TV局ディレクター | 小3 | 約5年 | 無 |

注）　インタビューは2010年8月〜12月に実施した。
　　参加当初の年齢は「子どもの時間」が開始された1996年7月時点のものである。
　　会場は，飯塚市・福岡市のいずれの会場で経験したかを示す。
　　経験年数は，「子どもの時間」開始からその後に継続された事業について参加者の立場で関わった年数である。
　　スタッフ経験は，高校生以上で参加者としての立場だけでなくスタッフ側の役割を果たした経験と講師としての経験を含む。

　そのなかで，事業実施から13年が経過した2010年時点で連絡先が判明しており，インタビューが可能であった参加者9名に当時の経験を振り返ってもらった。その結果は以下のとおりである。
　まず，演劇による表現活動を通じて得られたものとして「主体性」「想像力・発想力」を伸長することができた，という点を挙げることができる。「主体性」には自ら考える力や責任感など，職業人・社会人として求められる力が含まれており，「想像力・発想力」は人が人たる所以ともいえる性質である。いずれも子どもが人としての成長を遂げる過程に重要な影響を与えたことがうかがえる。このような力を伸長できた，ということを示すコメントを紹介したい。

　「（学校とは）全然違ったと思います。だって学校で決められることとか，与えられる役割とか，別に私じゃなくてもいいじゃんくらいな感じだったんですけど，でもほんとに，今思うと自分でもびっくりするくらい，あそこでは自分から何かやりたいとか，何かやってやろうっていう気持ちにさせてくれたんじゃないかなって。」

　「想像力，発想力っていう点では，子どものときにいろいろ考えさせていただいたことは今，つながってるんじゃないかなって思いますけど。（中略）今の子はほら，ゲームとか携帯電話とかあふれてますし，そういったものでひとりの世界に没頭するよりははるかに想像力や考える力がつくと思います。」

　このような人としての成長をベースとして，さらにいくつかの学びを得ている。演劇を通じた表現活動では，個人による創作活動ではなく常に他の参加者と関わりながら集団で創作することが求められる。こうした環境のなかで，意見をぶつけ合い，自分の意見が採用されて作品に反映される経験から自己肯定感を得ることができる。また逆に自分の意見が通らない場合，異なる意見の他人を説得したりされたりという葛藤も経験する。こうした経験から社会に多様な価値観が存在すること，集団は個人の単なる和ではなく，それ以上のものを生み出す場合があることなど，社会的な存在としての人のあ

り方を学んでいく。

　小学生から高校生という時期におけるこのような体験が，自分は何を大切に思い何を好むのか，といった自分自身について深く知る機会になっている。

　その後成長するにつれ，彼らの中には（職業とはしていないものの）劇団に入り演劇活動へと進む，現代美術を学ぶ大学へ進学するなど作品創作を行う人も出てきた。また，演劇を通じた表現活動の講師やスタッフとしての活動を始める，表現活動を研究するために大学院へ進む，あるいは福祉など芸術以外の領域に演劇が生かせるのではないかと考える人もいた。

　さらに進路選択にあたっては，テレビ局のディレクターなど創造性を生かせる職業についた人もいたほか，子どもの表現活動の現場を支える多くの大人の姿を見て「自分もキラキラした大人になりたい」「福岡という地域に育て

図3-1　「子どもの時間」参加者の変容

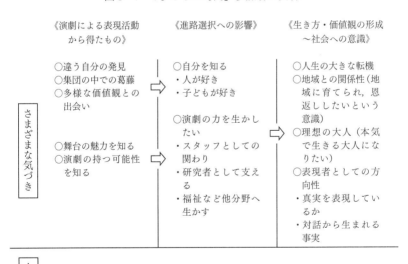

られたから福岡に恩返しがしたい」という思いを抱いて地域で頑張る人を紹介できる雑誌記者への道を選んだ人もいた。

このように，子どものときの表現活動には人としての成長や進路選択への影響，社会における自分の役割に関する認識が芽生えるまでの影響が見られた。一個人としての成長はもちろん，積極的に地域への関わりを求める意識の醸成にもつながり，社会を構成する市民としての成長も促したといえよう。

## 4．ドラマと人間の成長

ブライアン・ウェイは，人間の発達を円に例え，内側から外側に向かって「自分の資質を見つける」「自己解放を行い，自分の資質をよく知る」「自分のいる周りに目をやって，他の人のことにも気づく」「自分の周りに対する意識

図3-2　人間の発達と人格の諸相

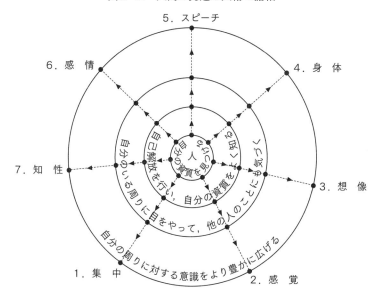

出典：ブライアン・ウェイ『ドラマによる表現教育』p. 23

をより豊かに広げる」という四つの段階で表現している。それぞれの段階で
「集中する」「五感を使う」「想像する」「身体を使い制御する」「話す練習」「感
情の傾向を知りコントロールする」「知性」といった点を成長のポイントと
し，「ドラマ」の活動は円周上のさまざまな点を発達させる機会をつくると述
べている。

　「子どもの時間」では，総合指導の太宰久夫氏がこうした「ドラマ」の活動
の特性をふまえてプログラムづくりに関与しており，活動を通じて子どもた
ちのどのような成長を期待するのか，活動の段階ごとに明確に設定されてい
た。第1段階は，参加者がリラックスしてのびのびと活動でき，互いに信頼
関係を築けるような環境づくり，第2段階は自己発見，第3段階は共有体験
と他者への気づきを目標として，特に前半の「ドラマスクール」のプログラ
ムが構築されていたのである。

　「子どもの時間」は，こうした専門家による綿密な計画と，多くの関係者の
努力があって初めて実現したプロジェクトであり，同種の事業を実施するに
は同等かそれ以上の準備や体制が必要であることを念のため付記しておきた
い。


　注
　1）　ブライアン・ウェイ著，岡田陽・高橋美智訳『ドラマによる表現教育』（第
　　　8刷）（玉川大学出版部　1993年）参照。
　2）　この節は太宰久夫・山田真理子編著『子どもたちの輝く時を求めて　ある
　　　表現教育実践　ドラマスクール＆ミュージカル「子どもの時間」』（エイデル
　　　研究所　1998年）からまとめた。

参考文献
飯塚ドラマスクールを支える会・山田眞理子編『ドラマという名の冒険』中川書
　　店　2012年
岡田陽『ドラマと全人教育』（第6刷）玉川大学出版会　1997年（初版1985年）
古賀弥生「演劇を通じた表現活動における参加者の変容プロセスに関する研究」
　　活水女子大学文学部現代日本文化学科編『活水論文集』54集　2011年
太宰久夫・山田真理子編著『子どもたちの輝く時を求めて　ある表現教育実践
　　ドラマスクール＆ミュージカル「子どもの時間」』エイデル研究所　1998年
高宮由美子『ドラマスクール「子どもの時間」の四五〇日』教育科学研究会編著

「教育」Vol. 630　1998年9月号　国土社

ブライアン・ウェイ著, 岡田陽・高橋美智訳『ドラマによる表現教育』（第8刷）
玉川大学出版部　1993年（初版1977年）

第**4**章 芸術文化と人づくりII

〜医療・福祉と芸術文化〜

# 第4章　芸術文化と人づくりⅡ

　人々の生活に密着した分野で芸術文化が人の生きる力を引き出す「人づくり」は，医療や福祉の領域でも多くの事例が見られる。

　例えば，障害のある人たちの感性あふれる表現活動が身近に展開されるようになってきた。障害のあるなしにかかわらずすべての人が表現活動を楽しめるアトリエの運営，表現活動によって生み出された作品の展覧会の開催，作品を商品化し販売するなどの取り組みは，私たちが暮らす地域にはさまざまな個性を持った人がいるという，当たり前だが時に見えづらくなりがちなことに気づかせてくれる。

　また，高齢になり，あるいは病を得て身体は思い通りに動かなくても，それまでの人生で蓄積してきた経験や感情を表現することがその人の生きがいとなり，生活を支える人々との関係をよりよいものにしていく例もある。

　この章では，医療・福祉と芸術文化の関わり，そしてその背景にある考え方について見てみよう。

## 1．医療と芸術文化の関わり
### 〜その事例〜

### （1）芸術療法

　芸術療法とは，芸術表現活動の特徴を生かした心理療法である。自己と向き合い，言葉だけでは表現できない心の内を絵画や音楽等の手法で表現することによって癒しを感じたり，問題解決の糸口を見つけたりすることができる。表現活動の種類によって，絵画療法，音楽療法，演劇療法等がある。

　音楽療法については，各地で高齢者や障害者のケアに活用されており，音

楽療法士の育成に取り組む自治体や大学の例も多い。また演劇については，認知症の高齢者の怒り泣く，喜ぶなどの情動機能を維持し社会生活を円滑に送れるようにする演劇情動療法[1] などの例がある。

（2）ホスピタルアート

　人が生まれて亡くなるまで，すべてのステージに関わる病院を前向きでより気持ちよい環境に改善することを目指しアートを導入する例も見られる。
　香川県善通寺市にある「四国こどもとおとなの医療センター」では，建設時からホスピタルアートディレクターを起用して「母なる自然エネルギーに包まれた病院」をコンセプトに，アートを媒介とした豊かな医療空間の創出を実現している。病院の外壁に楠の木をモチーフとした絵を描く，院内の各所にオブジェを置くなど，無機質になりがちな医療現場に明るさと温かさをもたらしている。
　同様の取り組みは北欧などで先進事例が見られ，日本でも全国各地の病院等で展開されるようになりつつある。特に小児科病棟など長期入院中の子どもの生育環境の整備，また，常に緊張を強いられる患者家族や医療関係者の精神的ストレス緩和の面などから注目されている。

## 2．福祉と芸術文化の関わり
　〜その事例〜

（1）高齢者とアート

　高齢者福祉施設にアーティストが出向き，お年寄りを対象に美術や演劇，音楽，ダンスなどのワークショップ（参加・体験型活動）を行う取り組みが，広がりつつある。その現場では，アートが趣味や娯楽の域を超えて高齢者の潜在能力を引き出し，高齢者がいつもは見られない表情を見せる，介護する人々との関係性を変えるなどの現象が起こっている[2]。

　NPO 法人芸術資源開発機構（ARDA）は，芸術は個人が人間らしく生きるために欠くことのできない社会的な役割を持っているとの考えのもと，高齢者施設などにアーティストによるワークショップを届ける「アートデリバリー」を行っている。「造形」「音」「身体」などのジャンルから，アーティストの誘導により自分らしい表現を引き出す活動である。活動に入る前には，アーティストによる介護士や施設職員を対象とした事前の講座が実施され，高齢者との活動の準備と同時に介護関係者がひととき自分を取り戻す機会にもなっているという。「アートデリバリー」では，参加した高齢者の表情が豊かになる，失われたと思われていた言葉が出る，他者と感情を交歓する，つながる感覚を持てるといった様子が報告されている[3]。

## （2）　障害者とアート

　福祉の領域の中でも，特に障害者とアートの関わりについては，近年になって大きな動きが見られる。その背景には2020年東京オリンピック・パラリンピックに向けた障害者の芸術文化振興に関する国の施策や文化芸術基本法（2017年）における「障害の有無」にかかわらない文化芸術へのアクセスの保障や障害者文化芸術活動推進法（2018年）の成立などがある。

　こうした社会背景に沿う近年の動向だけでなく，障害者あるいは障害とアートに関わる動きはそれ以前から多様に展開されていた。

　例えば，滋賀県近江八幡市にある「ボーダレス・アートミュージアム NO-MA」は障害のある人の造形活動による作品を常設展示する美術館として，昭和初期の町屋（野間邸）を改築し2004年6月に開館した。「社会福祉法人グロー（GLOW）〜生きることが光になる〜」の運営により，障害のある人の表現活動の紹介だけでなく一般のアーティストの作品と共に並列して見せることで「人の持つ普遍的な表現の力」を感じさせ，「障害者と健常者」をはじめ，さまざまなボーダー（境界）を超える実践を行っている[4]。

　舞台芸術の領域でもさまざまな取り組みが行われている。福岡市に拠点を置く「認定 NPO 法人ニコちゃんの会」では，「すっごい演劇アートプロジェクト」の一環として，身体的にバラエティあふれる人たちと演劇をつくる活

動を，俳優養成やその活動を支える裏方の養成も含めて実施している[5]。

　また，働きたい障害者の活躍の場を拡大し，同時に地域や社会に新たな視点をもたらす取り組みを促進する「株式会社ふくしごと」は，障害のある人々の表現活動が仕事につながるよう，絵画やイラストをストックしてウェブ上で公開し，企業等が活用できるよう著作権管理などを行っている[6]。このように，障害者の表現活動の成果を商品化，仕事化する動きも盛んになりつつある。


## 3.「文化権」の考え方

　医療や福祉の領域で展開されている活動は，参加する当事者にとってのQOL（Quality of Life 生〈生活〉の質）の向上につながり，さらに地域や社会をよりよいものに変えていく流れにつながる可能性を包含する。

　芸術文化が地域を超えて社会を変えていく可能性については，第12章でふれることとし，ここでは個人の QOL 向上に関わる「文化権」について解説する。

　「文化権」には，精神活動の自由，すなわち自由な芸術活動を保障する「自由権としての文化権」と，芸術文化にアクセスでき，よりよく生きる権利である「社会権としての文化権」の二つの側面がある。わが国では，それぞれに日本国憲法や文化芸術基本法などに関連する規定があり，これらの規定に基づいて保障されるべき権利である。

　特に社会権としての「文化権」については，文化芸術基本法の第2条第3項に個人がその属性や置かれた環境にかかわらず芸術文化にアクセスする権利を有すること，また「文化芸術を創造し，享受することが人々の生まれながらの権利である」ことも明記されており，「表現の自由」とともに政治や行政の都合に関わりなく保障されなければならないものである。

**★自由権としての文化権**……精神活動の自由の保障

日本国憲法第13条　すべて国民は，個人として尊重される。生命，自由及び幸福追求に対する国民の権利については，公共の福祉に反しない限り，立法その他の国政の上で，最大の尊重を必要とする。

第21条　集会，結社及び言論，出版その他一切の表現の自由は，これを保障する。

文化芸術基本法第2条第1項　文化芸術に関する施策の推進に当たっては，文化芸術活動を行う者の自主性が十分に尊重されなければならない。

第2項　文化芸術に関する施策の推進に当たっては，文化芸術活動を行う者の創造性が十分に尊重されるとともに，その地位の向上が図られ，その能力が十分に発揮されるよう考慮されなければならない。

**★社会権としての文化権**……よりよく生きる権利，芸術文化にアクセスする権利

世界人権宣言第27条　すべて人は，自由に社会の文化生活に参加し，芸術を鑑賞し，及び科学の進歩とその恩恵とにあずかる権利を有する。

日本国憲法第25条　すべて国民は，健康で文化的な最低限度の生活を営む権利を有する。

文化芸術基本法第2条第3項　文化芸術に関する施策の推進に当たっては，文化芸術を創造し，享受することが人々の生まれながらの権利であることに鑑み，国民がその年齢，障害の有無，経済的な状況又は居住する地域にかかわらず等しく，文化芸術を鑑賞し，これに参加し，又はこれを創造することができるような環境の整備が図られなければならない。

注
1） 仙台に拠点を置く NPO 法人日本演劇情動療法協会の取り組みがよく知られている。https://www.jadet.jp/
2） 吉本光宏「高齢者の潜在力を引き出すアートのポテンシャル　アートが拓く超高齢社会の可能性」ニッセイ基礎研究所ジェロントロジー ジャーナル（2011年11月）などが参考になる。
http://www.nli-research.co.jp/files/topics/39569_ext_18_0.pdf?site=nli
3） アートサポートふくおか「高齢者とアート　しあわせな出会いを目指して2014年度　高齢者施設への芸術家派遣事業＆セミナー開催の記録」参照。
http://www.as-fuk.com
4） ボーダレス・アートミュージアム NO-MA 公式サイト参照。
http://www.no-ma.jp/
5） 認定 NPO 法人ニコちゃんの会公式サイト参照。http://www.nicochan.jp/
6） 株式会社ふくしごと公式サイト参照。https://fukushigoto.co.jp/

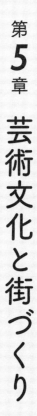

第5章　芸術文化と街づくり

# 第5章　芸術文化と街づくり

　ここまでは，芸術と地域の関係のうち，人づくりと芸術文化が密接に関わる事例を見てきた。この章では，視点を地域に移し，地域活性化と芸術文化の関係を探ってみよう。

　私たちが暮らす地域や都市のレベルで，芸術文化によって活性化が図られる例は数多くある。芸術文化の持つ力は文化と比較的近い位置づけにある教育や福祉などの領域にとどまらず，観光，商店街振興など経済活動とも結びつき，文化活動が新たな需要を創出し地域産業に高い付加価値を生み出すことが期待されている。同時に，経済活動以外のコミュニティ形成や地域アイデンティティの醸成など，さまざまな地域課題の解決につながる可能性も注目されている。

## 1．廃校・空き家の再生とアート

　小学校や中学校は，その地域で暮らす人々にとってはかつて自分が通った場所，あるいは自分の子どもたちが通い，その成長を育んだ場所であり，大切な思い出とともにあるものである。都心部の空洞化や地方の過疎化によって子どもの数が減り，廃校になる学校が増えつつあるが，廃校後の校舎や跡地をどのように活用するかという問題については，地域住民の関心も高い。最近は全国各地で廃校を文化施設や芸術文化活動の拠点として再利用する事例が出てきており，かつての学校が芸術文化によって再び人が集う場所として活用されている例もある。

　福岡県朝倉市の「山里の廃校利用美術館　共星の里」は，1995年に廃校になった黒川小学校校舎の利活用により，2000年にオープンした。教室10室を展示室や工房とし，現代美術を中心とした常設展示，企画展示やワークショッ

プを開催している[1]。

　このような廃校のアートセンター化は，地域の人々の心の支えになると同時に，地域の内外から人を集める装置としての役割も果たしている。

　また，全国的な人口減少，少子高齢化に伴う過疎化により，空き家の増加も地域における大きな課題となっているが，空き家を芸術文化活動の場として活用する例もある。その概要は，空き家そのものを作品化するもの[2]，アーティストの住まいやアトリエ，ギャラリーとして活用するものなどさまざまであり，地域活性化に一役買ってもらうことを目的として，空き家にアーティストを誘致して活動を促す「やねだん」（第7章参照）のような事例も見られる。

## 2.　過疎地域を国際芸術祭で活性化

　近年，屋外に現代美術作品を設置し観客を周遊させるアートフェスティバルが各地で広がっている。里山や離島など過疎地域がそのステージとなるほか，札幌，横浜など都市部での展開も見られる。多くは現代美術作品の展示及び音楽，ダンス，演劇など実演芸術も含めたプログラム構成となっており，地域活性化と同時に芸術文化鑑賞の裾野を拡大する効果も認められよう。

　これらの動きを先導する役割を果たしたのが，「大地の芸術祭〜越後妻有アートトリエンナーレ〜」である。3年に1度の「トリエンナーレ」という形式で，広大な地域を会場に国際芸術祭を継続的に開催していることで有名な同芸術祭は，過疎に悩む新潟県十日町市，津南町で2000年から開催されている。

　2006年に実施された3回目の同芸術祭では約35万人の来訪者のうち約60%が県外からの来場であると推計されており，「建設投資」及び「消費支出」の経済波及効果合計は56億8,100万円で，建設投資と消費支出との合計額（38億6,000万円）の1.47倍の県内生産誘発効果があったと報告されている[3]。2018年の同芸術祭では54万8,380人の入込客数を数え，20代30代の若い層の交流人口を増加させたこと，海外からの来訪者が13.3%とインバウンドの効果も生

んでいることが成果として挙げられている[4]。

　このような経済効果だけでなく，里山の美しさやそこに住む人々の素朴さ
への賞賛の声が，疲弊の目立つ農山村地域であった土地の人々に笑顔と元気
をもたらしている。また，大規模な国際芸術祭として全国紙や海外も含むメ
ディアで頻繁にとりあげられており，地域イメージの向上につながる効果も
見逃せない。

　同芸術祭は，新潟県をはじめとする行政主導で開始されたが，2006年の第
3回までで行政の事業は終了し，以降は経済的な自立が求められた。そこで，
企業や首都圏の若者を中心とするボランティア，地域住民らによる NPO 法
人越後妻有里山協働機構が設立され，さまざまな主体の協働によって芸術祭
が継続されることとなった。ほかにも，耕し手のいなくなった棚田のオーナー
を募集する「まつだい棚田バンク」や芸術祭以外の時期も含め応援団として
この地域を支える「妻有ファンクラブ」など，地域外の人々の力を活用しさ
まざまな形でこの地域のサポーターとする取り組みが行われており注目され
る。

　同芸術祭の成功が近年の各地におけるアートプロジェクトの隆盛を誘引し
たことは間違いないと思われる。ただし，同じようなプロジェクトの乱立や
アートを道具または手段としてのみ捉える考え方に陥る可能性には批判もあ
る。さらに，これらの芸術祭の多くは行政が事務局の中心的な役割を果たす，
あるいは補助金を拠出する場合が多く，展覧会や作品の内容に対する中立性
を保ち表現の自由を尊重することができるか，逆に芸術文化関係者の側は公
共空間での公的資金を活用したプロジェクト実施についてどこまで公共性を
尊重できるか，双方の成熟度が問われる場合もある。


## 3．まちと人のバリアフリー化

　毎年6月の第一日曜日，仙台市内の商店街，ビルの前，公園などがステー
ジとなり，障害のある人もない人も一緒に演奏し，歌い，踊り，まちを行く
人が観客となる「とっておきの音楽祭」が開催されている。2001年に始まっ

たこの音楽祭は,「みんなちがって，みんないい」を合言葉に，障害のあるなしにかかわらずすべての人が音楽を楽しみ，音楽の力で心のバリアフリーを実現することを目指している。市の中心部にある公園や商店街等がステージとなることで，車いすを利用する人も参加できるよう，まちのハード面でのバリアフリー化を促進する効果もある。19回目を迎えた2019年は6月2日(日)に開催され34のステージで352の演奏団体，約2,550人が参加したと発表されている[5]。

　大勢の人々が音楽を通じて心を通わせ，イキイキと楽しむ音楽祭と笑顔があふれるまちの様子を記録したドキュメンタリー映画「オハイエ！」も製作されており，音楽祭を応援する団体が全国で上映会を開催するよう呼びかけている。

　こうした活動が評判を呼んで，仙台で始まった「とっておきの音楽祭」が各地に広がりつつあり，2019年現在，宮城県内だけでなく東京都内，熊本市など全国14ヵ所でも開催されている。

注
　1）　共星の里公式サイト（https://kyouseinosato.jimdo.com/）及び日本経済新聞2019年7月8日(月)朝刊社会面記事「風紋　生まれ変わる廃校」参照。
　2）　一例として，香川県・直島の「家プロジェクト」（ベネッセアートサイト直島 http://benesse-artsite.jp/art/arthouse.html）参照。
　3）　新潟県「地域経済・産業分析レポート'06」による。
　4）　「大地の芸術祭　越後妻有アートトリエンナーレ2018　総括報告書」参照。
　5）　とっておきの音楽祭公式サイト http://totteokino-ongakusai.jp/ 参照。

参考文献
渡部薫『文化政策と地域づくり　英国と日本の事例から』日本経済評論社，2019年

第**6**章　創造都市論

# 第6章　創造都市論

　第1章でふれたように，芸術文化によって地域に引き起こされる「人づくり」と「街づくり」の効果をあわせて「地域づくり」と考え，芸術文化の力を生かした「人づくり」と，地域で生き生きと生きる人々による「街づくり」の活動が展開されるような政策が，各地域において求められている。そうして活性化された街が活力のある人材を呼び寄せ，その人材がまた街を豊かにしていく正の循環が期待できるのが芸術文化の「地域づくり」である。

　21世紀に入るころから，わが国では課題を抱えた地域を芸術文化で再活性化する「創造都市論」が広がってきた。「創造都市論」は，創造性をキーワードに柔軟で新しい発想によって都市を再生する考え方で，その中核的な概念として芸術文化の創造性への期待が高まっている。

　この章では，「創造都市」の事例を概説したうえで，その成功の要件等を探ってみよう。


## 1．創造都市論とは？[1]

　「創造都市」とは，芸術文化や創造性を基盤とした都市政策を展開し，芸術文化が持つ創造的なパワーを生かして社会の潜在力を引き出す都市である。「創造都市」では，都市問題の創造的な解決が図られ，クリエイティブな人材が経済社会を牽引する。

　20世紀後半，「重厚長大」から軽工業，情報・サービス産業への産業構造の転換と人件費の安いアジア等の国々の工業化が進んだことが背景になり，ヨーロッパ諸国の製造業は衰退し，かつて造船や鉄鋼などの製造業や炭鉱などで繁栄した都市が寂れてしまう現象が起こった。

　こうした都市を再生する努力が続くなか，1990年ごろから文化をキーワー

48

ドとして地域を再生する政策をとる都市が現れ始め，「創造都市」（クリエイ
ティブシティ）と呼ばれるようになる。「創造都市」の考え方はヨーロッパか
ら世界各地に広がり，日本でも21世紀に入るころからいくつかの都市が都市
政策として採用している。

　このような事例から成功要因を抽出するなどの研究が進み，「創造都市論」
が形成されていった。


## 2．ヨーロッパにおける創造都市の象徴的事例

### （1）　フランス・ナント市[2)]

　フランス西海岸，ロワール川下流に位置し，パリから高速鉄道（TGV）で
約2時間の距離にあるナント市は貿易や工業の拠点都市として栄えていたが，
港湾機能の移転により市内の造船所等が閉鎖され1980年代には失業者があふ
れる街になってしまった。1989年に就任したジャン-マルク・エロー市長が
経済活性化と文化事業の振興を目指した都市計画を策定し，近隣の都市も巻
き込んだ大規模なプロジェクトを展開した。その結果，90年代以降の20年間
で人口が10万人増加，住民はまちへの誇りを取り戻したといわれている。

　その代表的な取り組みがかつてのビスケット工場を改築し，実験的な文化
イベントを行う拠点とした「リュー・ユニック」，あるいは「ラ・フォル・
ジュルネ」と呼ばれる音楽祭などである。

### ①「リュー・ユニック」（唯一の場所）

　「リュー・ユニック」は，1886年に建設されたビスケット工場の跡を現代
アートの実験場として再生したものである。1986年に工場が閉鎖されたあと，
劇団の練習場として使われるなど半ば不法占拠状態だったところ，市が工場
を買い上げて若手芸術家の活動場所，レストラン，ブックショップなどを備
えた，市民にも開放されたアートセンターとして再生された。広々とした空

間に劇場のほか，小さな音楽アンサンブルのリサイタルや会議にも使用できる音楽室等を備え，さまざまなジャンルの芸術イベントを行って多くの来場者を集めている。

②「ラ・フォル・ジュルネ」（熱狂の日）

1995年から毎年1～2月に3日間（2003年からは5日間）開催されているクラシック音楽の祭典。地域密着型の音楽祭として企画されており，手ごろな価格で1公演の時間が45分程度と短く，子どもから大人まで楽しめる約300のコンサートが朝から晩まで開催されている。フランス各地や海外からクラシックファンだけではない聴衆が集まるといわれている。

日本でも2005年から「ラ・フォル・ジュルネ・オ・ジャポン」が東京で開催されている。

（2）　スペイン・ビルバオ市[3]

スペイン・バスク州に位置するビルバオ市は，1960年代から鉄鋼・造船業等が発展するが，70年代後半以降，重工業の衰退とともに，まち自体が斜陽化する。その後，ビルバオは都市再生を賭けて，アメリカに本館を置くグッゲンハイム美術館の誘致に乗り出した。グッゲンハイム美術館は，多館展開と国際戦略を打ち出しており，ビルバオ市における美術館による都市再生のプログラムと連携し，ビルバオ・グッゲンハイム美術館が1997年に誕生した。

ビルバオ・グッゲンハイム美術館は，建築家フランク・ゲーリーの設計による，うねったような外観が特徴的で，開館から5年間で515万人の入館者を集め，ビルバオの大きな観光資源となっている。

ビルバオ市では，美術館建設と合わせて港湾，道路，地下鉄等の整備や公園，緑地，コンサートホール等の文化施設など都市インフラ整備も進められ，これらの取り組みによって総合的に都市再生が図られている。

50

（3） ドイツ・ルール地方（エムシャーパーク）4)

　ルール地方はドイツ北西部に位置し，ここを流れるエムシャー川の流域は，石炭産業，鉄鋼業，化学工業などが発達していたが，1970年代を境とする産業構造の転換によって衰退し，経済活動の低迷や人口の減少が見られるようになった。また，汚染された自然環境や破壊された景観が負の遺産として残されてしまった。

　そこで，環境的にも経済的にもエムシャー川流域を再生するため，IBAエムシャーパーク構想が推進された。

　この構想は，緑地帯の再生による景観公園の設置，エムシャー川の生態系の回復，産業遺産の保存と活用，居住環境の再生，緑の中で働く産業パーク構想となっており，州政府が設立したIBAエムシャーパーク社によって1989年から99年の10年間の時限プロジェクトとして実施された。

　歴史的施設の保存・活用の事例では，製鉄所跡を，高炉など稼働時の機械設備・建屋をモニュメントとして保存したまま公園化したデュイスブルグ北景観公園などがある。公園として親しまれるだけでなく，バザーやコンサートの会場としても用いられ，構築物をウォールクライミングなどに利用する例もある。また，ガスタンクを利用した産業博物館，炭鉱施設を再整備した展示会議施設等もあり，地域の歴史的な固有性を表現しながら地域活性化に寄与している。


# 3. 日本における創造都市への取り組みの事例

（1） 金沢市5)

　石川県金沢市は人口約46万人。加賀藩前田家の城下町として栄え，加賀友禅や金沢箔，九谷焼などの伝統工芸や，能楽などの伝統芸能が受け継がれている。戦災や大きな災害を免れたため，藩政時代からの美しいまちなみが現在でも多く残っており，金沢市の貴重な財産となっている。

　金沢市では，こうした都市の特性を生かして経済界や市民が2001年に「金沢創造都市会議」を設立して，創造都市を目指した市民の運動を開始した。文化と産業の連携を推進し，「手仕事のまち・金沢」を強くアピールすることでユネスコ創造都市ネットワークに2009年6月，クラフト＆フォークアート分野で登録された。2010年3月には「金沢創造都市推進プログラム」を策定（2013年改訂），「地域固有の文化が，誇りや愛着のある付加価値の高い産業を促し，そのことがさらに新しい文化への刺激や投資にもつながって，市民の生活を豊かに暮らしの質を高めている，いわば『創造的な文化活動と革新的な産業活動の連環によって，まちを元気にしている都市』が創造都市である」と定義している。

　金沢市の文化資本の例としては，以下のものがある。

①金沢市民芸術村

　1996年オープン。紡績工場の倉庫だった建物を再利用した文化施設。24時間365日稼働，市民ディレクターによる運営という全国に例を見ない施設として注目されている。

②金沢21世紀美術館

　2004年開館。市立美術館は年間5万人の来館者が平均といわれるなか，なじみの薄い現代美術を扱いながら開館2年で300万人以上の人が集まった美術館。子どもがたくさん訪れること，地域の応接間といわれるほど地域に開かれた施設であることが大きな特徴になっている。

（2）　横浜市[6]

　横浜市は，文化芸術の創造性を活かし，「文化芸術振興」や「経済振興」といったソフト施策と，「まちづくり」などのハード施策を一体的に取り組んでいる。横浜市には40年以上にわたる都市デザインに関する先駆的な取り組み

の蓄積があり，都市空間の整備が進められてきた。2003年から開始されたクリエイティブシティ（創造都市）への取り組みはその延長線上にある。

　2019年現在，横浜市の創造都市政策の基本方針は以下のとおりである。

1．多様な主体がリードする創造界隈の展開
　誰もが歩いて楽しめ，個性ある（横浜にしかない）多様なクリエイティブ活動やコミュニティに触れて創造性が刺激される界隈の展開を目指します。

2．アーティスト・クリエーターの育成・支援と次世代育成
　才能あるアーティスト・クリエーターが制作活動できる基盤を整え，横浜から世界に羽ばたく環境づくりを推進するとともに，横浜の将来を担う子どもたちの豊かな創造性や感受性を育む取組を展開します。

3．創造的産業の振興
　集積したアーティスト・クリエーターなど創造的な人材と企業・地域との協働を推進し，創造的な産業の振興につなげ，新たなビジネス機会を創出します。

4．まちにひろがるトリエンナーレの実現
　我が国を代表する現代アートの国際展として，多様性を受け入れる心豊かな社会の形成に寄与するとともに，創造界隈拠点をはじめ，横浜ならではのまちの力と一体となって開催することで，まち全体で祝祭性を創出し，創造都市施策のリーディングプロジェクトとして，まちづくりへ繋げていきます。

5．創造都市横浜の国内外への発信と交流
　創造都市横浜の先進的な取組や横浜固有の取組を国内外に発信するとともに，東アジア文化都市で培ったネットワークを活かして，アジアを中心とした世界からアーティスト・クリエーターが集まる文化芸術のハブ都市を目指します。

（出典：横浜市公式サイト http://www.city.yokohama.lg.jp/kanko-bunka/bunka/sozotoshi/outline.html）

## 4. 創造都市の展開

　2004年，ユネスコは「創造都市ネットワーク」を創設した。これは，グローバル化の進展により固有文化の消失が危惧される中で，文化の多様性を保持するとともに，世界各地の文化産業が潜在的に有している可能性を，都市間の戦略的連携により最大限に発揮させるための枠組みとして構想されたものである[7]。文学，映画，音楽，クラフト＆フォークアート，デザイン，メディアアート，食文化の7分野で，特徴的な取り組みを行う各都市を登録している。日本では，クラフト＆フォークアート分野で金沢市，デザイン分野で神戸市，名古屋市などが登録されており，2019年8月現在，ユネスコの公式サイトには世界186都市が認定都市として掲載されている。

　日本では2007年度から文化庁長官表彰に文化芸術創造都市部門が創設され，2017年度までに44区市町が表彰されており，各都市における創造都市への取り組みを促進してきた。また，国内の創造都市ネットワークの形成も進み，「創造都市ネットワーク日本」には111自治体（2019年4月現在），42団体（同5月現在）が加盟している[8]。

## 5. 創造都市の条件

　創造都市への試みについては，大規模な集客力のあるアート・イベントの経済効果に注目が集まる場合も多い。しかし，芸術文化の創造性が発揮される場面は，例えば，使われなくなった古い建物などをアーティストの活動の場として提供することでさまざまな人が集う場所となり，そこでまた新たな出会いと活動が芽生える，アート・イベントに観光客がやってきて地域住民が気づかないようなまちの魅力を指摘してくれたことで住民がそこに住む誇りと喜びを取り戻すなど，まちに関わる人々の心の活性化がベースになるものである。

　創造都市論の提唱者チャールズ・ランドリーも「『創造的都市』アプローチ

は，文化とは価値，見識，生活様式かつ創造表現の様式，創造性が芽生え育つ土壌に相当するものであり，それゆえ発展の推進力を与えるもの，という考え方に立脚している」（ランドリー 2003，p. 216）と述べ，人々が創造性を発揮できる環境を文化で整えることが創造都市へ近づく道であることを示唆している。また，アメリカの都市経済学者であるリチャード・フロリダは，現代はクリエイティブ・クラスと呼ばれる新しい価値観を持つ人材がリードする「クリエイティブ経済」の時代であると提唱して話題を呼んだが，彼もまた，この時代に重要なことは，クリエイティブな能力に恵まれた一部の人々を優遇するだけでなく，すべての人のクリエイティビティを伸ばすことであると述べている。「現代において，クリエイティビティを有するのは特別な才能に恵まれた少数の人に限られると考えるのは，大きな誤りである」「何よりも私たち一人ひとりが，クリエイティブな可能性を十分に発揮する努力を真剣に行わなければならない。」（フロリダ 2007，p. 44，p. 287）

　このようにアート・イベントの開催や文化施設の建設でまちが活性化するものではなく，そのまちで暮らす人々がまちへの愛着や誇りを胸に，このまちのあるべき姿を真剣に語り合い行動することこそ重要であり，そのために，人々が創造性を発揮できるような土壌を芸術文化でつくることが求められているのである。他都市の事例は「参考」にはなっても，そのままわがまちに移植できるものではない。市民（NPO），企業，行政などさまざまな立場の人と機関がネットワークを形成する契機となるような地域文化政策を，まちごとに模索しなくてはならないのである。

　さらに近年は，創造都市への取り組みを高齢者，障害者等も含め多様な主体による地域活性化の考え方と関係づけて進める動きも促進されていることが注目される。


注
1）　この節については，章末に掲げた参考文献を参照して構成した。
2）　菅野幸子「甦るナント―都市再生への挑戦」（国際交流基金『文化による都市の再生　欧州の事例から』2004年3月）及び開催各地のHP参照。
3）　吉本光宏「ビルバオ市における都市再生のチャレンジ―グッゲンハイム美術館の陰に隠された都市基盤整備事業―」（国際交流基金　2004年）参照。

4 ）　永松栄編著, 澤田誠二監修『IBA エムシャーパークの地域再生　「成長しな
　　い時代」のサスティナブルなデザイン』（水曜社　2006年）及び幌内 .COM の
　　HP「ドイツ・ルール鉱工業地帯での炭鉱遺産を活かしたまちづくり　IBA エ
　　ムシャーパーク構想」http://www.horonai.com/05_Deutsche/IBA/Deutsche01.
　　html 参照。
5 ）　金沢市公式サイト（http://www4.city.kanazawa.lg.jp/）及び各施設の公式サ
　　イト参照。
6 ）　横浜市公式サイト（http://www.city.yokohama.lg.jp/front/welcome.html）及
　　び野田邦弘『創造都市・横浜の戦略　クリエイティブシティへの挑戦』（学芸
　　出版社　2008年）,「クリエイティブシティ・ヨコハマのこれまでとこれから」
　　編集委員会編『クリエイティブシティ・ヨコハマのこれまでとこれから』
　　（BankART1929　2008年）参照。
7 ）　文化庁公式サイト（http://www.bunka.go.jp/ima/souzou_toshi/index.html）
　　参照。
8 ）　創造都市ネットワーク日本公式サイト（http://ccn-j.net/）参照。

## 参考文献

チャールズ・ランドリー著　後藤和子監訳『創造的都市　都市再生のための道具
　箱』日本評論社　2003年
リチャード・フロリダ著　井口典夫訳『クリエイティブ・クラスの世紀』ダイヤ
　モンド社　2007年
──『クリエイティブ資本論　新たな経済階級の台頭』ダイヤモンド社　2008年
──『クリエイティブ都市論　創造性は居心地のいい場所を求める』ダイヤモン
　ド社　2009年
後藤和子『文化と都市の公共政策：創造的産業と新しい都市政策の構想』有斐閣
　2005年
佐々木雅幸『創造都市の経済学』勁草書房　1997年
──『創造都市への挑戦』岩波書店　2001年
佐々木雅幸＋総合研究開発機構編『創造都市への展望　都市の文化政策とまちづ
　くり』学芸出版社　2007年
佐々木雅幸・水内俊雄編著『創造都市と社会包摂』水曜社　2009年
中牧弘充＋佐々木雅幸＋総合研究開発機構編『価値をつくる都市へ　文化戦略と
　創造都市』NTT 出版　2008年
横浜市＆鈴木伸治編著『創造性が都市を変える　クリエイティブシティ横浜から
　の発信』学芸出版社　2010年
吉本光宏監修『アート戦略都市　EU・日本のクリエイティブシティ』鹿島出版
　会　2006年

第**7**章 創造的な地域づくり

# 第7章　創造的な地域づくり

　第6章では，創造性をキーワードに柔軟で新しい発想によって都市を再生する「創造都市論」について紹介したが，同じように創造的な発想や行動によって地域を活性化する地域版「創造都市」ともいえる事例も各地で見られるようになってきた。

　例えば，徳島県神山町はICT環境の完備を背景に，自然にあふれた地域での生活に魅力を感じる都市部からの移住者を受け入れている。空き家を改装した住居やオフィスで，都会では味わえない豊かな暮らしを実現する様子に移住希望者が絶えないが，町の将来に必要な職種の人材に限定して受け入れるという。このような取り組みに中心的な役割を果たすNPO法人グリーンバレーの大南信也氏は，神山町の状況を「創造的過疎」と表現している[1]。

　神山町のように，これまでにない柔軟で創造的な取り組みにより過疎の地域を再生する例は，日本社会に大きなインパクトを与えている。

　この章では，創造的な地域づくりの取り組みをもう一つの事例「やねだん」から学んでみよう[2]。


## 1. やねだん（鹿児島県鹿屋市柳谷集落）
### 〜空き家を活用したアーティスト誘致と地域再生〜

　鹿児島県鹿屋市の 柳谷集落，通称「やねだん」は，大隅半島にあり人口約300人。そのうち65歳以上が4割を占める過疎の集落である。ところが，21世紀に入る頃から"地域再生のお手本"として全国的に注目される集落に変貌した。

（1）“人海戦術”“感動”の地域づくり

　やねだんが変貌を遂げるきっかけになったのは，1996年，当時55歳だった
豊重哲郎氏が集落のリーダーである自治公民館長に選ばれたことだった。そ
れまでは65歳以上の高齢者が1年交代で務めてきた館長職を，慣例より10年
早く豊重氏に託したのは，集落の人々の地域活性化への期待からであったに
違いない。その期待に応え，豊重氏が中心になって展開してきたさまざまな
活動をまとめると表7-1のとおりである。
　まず，豊重氏は行政の補助金に頼らず，集落で自由に使える自主財源を確
保することに取り組んだ。
　最初に行ったのは，住民から休耕地を提供してもらい，高校生の労力奉仕
によるカライモづくりであった。3人の住民から30aの土地が提供され，高
校生らが植え付けから収穫までを担って，初年度の1997年は35万円の収益を
上げた。その後，活動は住民全体に広がり2002年には作付面積1ha，収益は
約80万円まで増加した。
　こうした収益を活用して講師を招き，集落の小中学生を対象とした放課後
の補習塾「寺子屋」を開始し，基礎学力を向上させ，子どもたちが学ぶ喜び
を味わう経験を提供した。
　また，畜産の盛んなこの地域では，家畜の排せつ物のにおいが悩みの種で
あったところ，土着菌を米ぬか，黒砂糖と混ぜ合わせてつくった飼料を食べ
させるとほとんど悪臭が消えることから，土着菌を商品化し，1kg100円で
販売して年間約200万円の収益を上げるようになった。土着菌は好気性の微
生物であるため毎日かきまぜる必要があることから，その開発にあたっても
当初は住民が当番で作業を担当していたという。
　さらに，カライモ生産から「焼酎やねだん」の開発へと発展し，相次ぐ全
国からの視察団に対応する手打ちそばの店や焼酎など土産物の販売所開設な
どで，集落の自主財源は増え続けていった。
　このようにして確保した財源で，高齢者宅への緊急通報装置の設置，全戸
へのボーナス1万円還元などが行われ，自ら財源をつくりだして住民に必要
な施設やサービスを実現する集落として大きな注目を集めるようになる。

表7-1　やねだん　地域再生の歩み

| 時　期 | で　き　ご　と |
|---|---|
| 1996年 | 豊重哲郎氏が自治公民館長に就任 |
| 1997年 | 休耕地を活用したカライモ生産活動開始<br>住民の手づくりにより「わくわく運動遊園」建設（面積20a，ゲートボール兼多目的コート2面，藤棚，野外舞台，卓球場兼休憩所などを備える）<br>高齢者宅に緊急警報装置（介護用）を設置<br>「母の日」「父の日」「敬老の日」に有線放送による「感謝のメッセージ朗読」開始 |
| 2000年 | 朝の通学時に「おはよう声かけ運動」開始<br>カライモの収益を活用し「寺子屋」（小中学生対象の学習塾）開始 |
| 2001年 | わくわく運動遊園に噴水設置<br>土着菌製造開始 |
| 2002年 | 高齢者宅に煙感知機を設置<br>土着菌センター建設<br>お宝歴史館建設<br>第8回日本計画行政学会「計画賞」最優秀賞受賞 |
| 2003年 | 全戸に防犯ベル設置 |
| 2004年 | 「焼酎やねだん」開発<br>柳谷安全パトロール隊発足<br>柳谷未来館建設<br>「手打ちそば」の店オープン<br>農林水産省「立ち上がる農山漁村」選定 |
| 2005年 | 町内会費年7,000円を4,000円に減額<br>2004年度国土交通省「半島地域活性化優良事例」受賞<br>南日本放送「MBC賞」受賞 |
| 2006年 | 土着菌足湯建設<br>集落の利益から全世帯にボーナス1万円還元<br>空き家を「迎賓館」とし，アーティストの誘致活動を開始<br>2005年度農林水産省・田園自然再生活動コンクール「ムラと自然の再生賞」受賞<br>南日本新聞社「南日本文化賞」受賞<br>鹿児島県県民表彰 |
| 2007年 | 「迎賓館」1号館・2号館に3人のアーティストが入居<br>＊「迎賓館」は8号館まで開館（2010年8月現在）<br>閉店したスーパーを改装し「ギャラリーやねだん」オープン<br>第1回故郷創生塾（地域リーダー育成塾）開催<br>人口が増加（前年の285人から301人へ〈年末現在〉）<br>総務大臣表彰（地方自治法施行60周年記念表彰）<br>内閣総理大臣表彰（あしたのむら・まちづくり活動賞） |
| 2008年 | 「めったに見られない芸術祭」開始<br>高齢者にシルバーカー貸与<br>「ミッドナイトウォーキング」（小学生以上が参加できる一晩中歩き通すイベント）開始 |
| 2009年 | 「迎賓館」アーティストによる地元中学校対象の校外授業開始<br>第2回「ミッドナイトウォーキング」実施（桜島～やねだん46kmを約13時間で踏破） |
| 2010年 | 第3回「ミッドナイトウォーキング」実施（宮崎県串間駅～やねだん40kmを約11時間で踏破） |

出典：豊重哲郎『地域再生　行政に頼らない「むら」おこし』（6版）出版企画あさんてさーな，2010年

やねだんの取り組みの特徴は，アイデアを出し実現していく豊重氏の情熱あふれるリーダーシップと，それを支える住民の高い参加意欲である。

1997年，雑草だらけだった市有地（当時は串良町の町有地）20a を住民の手で整備し，資材と労力を皆で出し合って「わくわく運動遊園」を完成させた。元大工，元左官など，さまざまな技能と経験を持つ高齢者が木材の切り出しから休憩所の建築，遊具づくりに活躍したという。その後も土着菌センターやお宝歴史館等の施設建設，資材・展示品提供は住民によって担われている。「お金をもらってする仕事には出てこないけれど，タダの仕事にはみん

写真 7-1　集落の入り口
（筆者撮影。撮影は2010年8月。写真7-4まで同様）

写真 7-2　入り口付近の案内板

な協力する」と話す住民もいるほどである。

　その陰には，リーダー・豊重氏の「反対する人は必ずいるが，"説得"するのでなく"納得"してもらう」という粘り強い取り組みと率先して汗を流す姿勢がある。また，「行政に頼らない」活動の理由は，豊重氏の言葉によれば「行政に頼っていたのでは"感動"がない」とのことである。住民自らアイデアを出し，試行錯誤しながら各自の持てる力を出し合う経験が地域再生のカギであるということだろう。

写真7-3　空き家を活用した「迎賓館」

写真7-4　空き店舗がギャラリーに

（2）「迎賓館」へのアーティスト誘致

　過疎の地域では，住み手を失った空き家の対策が課題の一つとなることが多い。やねだんでも，空き家に不審者が入りこむなど問題も起こっていたが，この「問題」を逆手にとり，人口増加につながる取り組みが2006年から始まった。持ち主の許可が得られた空き家を集落の財源と人海戦術で再生し，「迎賓館」と名づけた。アトリエ兼住居として「迎賓館」を提供し，3ヵ月に1度個展を開催することなどを条件に住んでくれるアーティストを全国公募したところ，2007年，石川県などから3名のアーティストが第1号として移住してきた。

　その後，「迎賓館」は8号館まで増え，在住アーティストは画家，写真家，彫刻家等7名になった。閉店したスーパーを改装した「ギャラリーやねだん」や牛小屋を改築した美術館もオープンし，アーティストの作品が鑑賞・購入できる場も開設されている。やねだんのシンボルマークをアーティストがデザインしたり，増加した視察者の記念写真を撮影したり，集落の名産品とアーティストの作品を組み合わせたお土産セットができたり，地域活動と創作活動のコラボレーションも実現している。

　2008年からは，在住アーティストが中心となり鹿児島県内外のアーティストも参加する「やねだん芸術祭」（当初は「めったに見られない芸術祭」）が5月の連休に開催されており，ちょっとした“芸術村”の様相を呈している。

　なぜ，アーティストなのか。豊重氏によれば「本物の感動を子どものときから体験させることが必要」であるとの信念による。アーティストが講師となる住民対象の芸術教室や地域の中学校からの校外授業の受け入れなど，住民の生活のなかにアーティストの活動が溶け込む様子は，将来のやねだんから豊かな人材が生まれてくる大きな可能性を感じさせる。


## 2.「やねだん」地域再生のポイント

　このような取り組みが全国的な評判になるにつれ，やねだん出身の子育て

世代がＵターンするなどの動きも出始め，それまで減少の一途をたどっていた人口が2007年，前年より増加に転じ，07，08年度の合計で31人増えた。

　また，やねだんの経験を全国の地域づくりに生かしてほしいと「故郷（ふるさと）創生塾」を３泊４日で年２回開催しており，自治体職員や議員，企業関係者など幅広い人材がやねだんに学びに来ている。その際，講師を務めるのは豊重氏や国の行政官だが，地域住民も助言者として加わり，集落の様子全体からさまざまなことを感じ取る機会となっている。

　やねだんが目指したのは"行政に頼らない地域再生"である。集落で労力や経験を提供しあって，独自の商品開発で自主財源を増やし，福祉や教育を自ら充実させていった。そして，空き家対策として，持ち主の許可が得られた空き家を整備して「迎賓館」と名づけ，全国からアーティストを招いた。

　全国的な人口減少，少子高齢化が進むなか，総務省は2012年３月「創造的人材の定住・交流の促進に向けた事例調査」[3] 報告書を公表した。この報告書は，知的付加価値や創造性を生み出す文化人，芸術家などの「創造的人材」を惹きつけ，彼らが行きたい・住みたいと思うような地域づくりを行うことが都市圏から地方圏への人口定住や交流人口の増加に必須の条件であるとして，国内の該当する地域の事例からその要件を探ったものである。

　同報告書にまとめられた創造的人材を惹きつける諸要素のうち，最も重要度が高い「それがあれば他が不十分でもいける」と指摘されたのは「地域のプロデューサー的人材／地域のコーディネーター的人材」であった。地域におけるリーダーでありキーパーソンである人材の重要性が指摘されており，やねだんにあてはめると豊重氏の存在がそれにあたる。

　やねだんで実現した地域再生の取り組みは，リーダーである豊重氏の創造性豊かな発想と熱血漢といってもいい実行力，カライモや空き家等もともと地域にある資源の活用，アーティストという「よそ者」をあえて地域に投入することによる活性化など，いくつかの成功のポイントが指摘できよう。

　また，子どもの教育や高齢者福祉などに収益金を活用すること，次世代リーダー育成のための試みなど，人を大切にし人材を生かすことを重視する考え方が多くの住民や全国の地域づくり関係者の共感を呼んでいるものと思われる。

注
1） 大南氏は「創造的過疎」という言葉を数多くの講演やインタビューで使用
しており，その定義は「過疎化の現状を受け入れ，外部から若者やクリエイ
ティブな人材を誘致することによって『人口構成の健全化』を図るとともに，
多様な働き方が可能な「ビジネスの場」としての価値を高め，農林業だけに
頼らない，バランスの取れた，持続可能な地域を目指す」（出典：三井不動産
による東京大学公共政策学大学院寄付講座でのフォーラム［2014年11月4日
開催］の資料。2019年8月11日確認。https://mfec.jp/forum/2014-11-04/d/
ERES20141104-ohminami.pdf）などと述べている。
2） この章は，下記参考文献，やねだんHP（http://www.yanedan.com/）及び
2010年8月19日に行った豊重哲郎氏へのインタビューをもとに構成した。
3） 総務省公式サイト http://www.soumu.go.jp/main_content/000160578.pdf 参
照。

参考文献
神田誠司『神山進化論　人口減少を可能性に変えるまちづくり』学術出版社　2018
年
出町譲『日本への遺言　地域再生の神様〈豊重哲郎〉が起こした奇跡』幻冬舎
2017年
豊重哲郎『地域再生　行政に頼らない「むら」おこし』（6版）出版企画あさん
てさーな　2010年

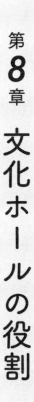

第 *8* 章 文化ホールの役割

# 第8章　文化ホールの役割

　前章までは，芸術文化が人づくり・街づくりと関わるものであることを，教育，医療・福祉，地域の課題解決，都市政策等いくつかの視点から紹介してきた。

　ここからは，このような活動の主体について見ていこう。

　人づくりや街づくりに芸術文化が関わるとき，芸術文化と市民や地域の接点となる場や機関，つなぎ手となる人々が必要である。接点あるいはつなぎ手の役割を果たすのは，文化施設，行政，企業，アートNPO，アートボランティア等，地域社会を構成する多彩なアクターたちである。

　この章ではまず，文化施設についてとりあげる。

　全国には公立・私立を問わず，さまざまな文化施設がある。文化施設はアーティストの活動が展開され，人々が芸術文化を身近に体験する場として重要な機能を果たすものである。

　文化施設とは「芸術文化活動のために使用される施設」であり，主に美術館，博物館，ギャラリー，劇場，コンサートホール，映画館，練習場等を指している。

　以下，文化施設のうち文化ホール（劇場・音楽堂等）を中心に概説し，地域づくりに果たす役割を見ていこう。

## １．文化ホールの役割

　文化ホールとは，劇場やコンサートホール，練習場等，舞台芸術に関する機能を持った施設である。公益社団法人全国公立文化施設協会の正会員になっている施設は2019年5月21日現在で1,302館だが，それ以外でも実質的に文化

ホールに類似した機能を果たしている施設も多いと思われる。

　文化ホールに関しては2012年に「劇場，音楽堂等の活性化に関する法律」が制定され，以下のような事業を行うものとされた。

---

（劇場，音楽堂等の事業）
　第3条　劇場，音楽堂等の事業は，おおむね次に掲げるものとする。
　　一　実演芸術の公演を企画し，又は行うこと。
　　二　実演芸術の公演又は発表を行う者の利用に供すること。
　　三　実演芸術に関する普及啓発を行うこと。
　　四　他の劇場，音楽堂等その他の関係機関等と連携した取組を行うこと。
　　五　実演芸術に関する国際的な交流を行うこと。
　　六　実演芸術に関する調査研究，資料の収集及び情報の提供を行うこと。
　　七　前各号に掲げる事業の実施に必要な人材の養成を行うこと。
　　八　前各号に掲げるもののほか，地域社会の絆の維持及び強化を図るとともに，共生社会の実現に資するための事業を行うこと。

---

　「実演芸術」とは「実演により表現される音楽，舞踊，演劇，伝統芸能，演芸その他の芸術及び芸能をいう」（第2条）とされ，例示すると，オペラ，バレエ，現代舞踊，ミュージカル，演劇，オーケストラ，洋楽全般のほか，雅楽，能楽，文楽，歌舞伎などの伝統芸能，講談，落語，浪曲，漫談，漫才などの演芸が含まれる。

　このようなジャンルの実演芸術について，その公演または発表を行う者に施設を利用させること（貸館）のほか，自ら公演を企画運営すること（自主事業），そして普及啓発や国際交流，調査研究，人材育成など幅広い役割が期待されている。さらに，「地域社会の絆の維持及び強化」「共生社会の実現に資する」といった，各施設が立地する地域や社会に対する積極的な関わりも求められていることが読み取れる。もちろん，それぞれの地域文化に関係するニーズに対応し，設置主体（国，都道府県，市町村等）の求める役割も担うことになる。

## ２．芸術文化振興と芸術文化を通じた地域振興

　自ら公演を企画運営する自主事業に関しては，有名歌手のコンサートや劇団の公演を招く「鑑賞型」や，市民が参加できるワークショップ等を行う「参加型・創造型」，芸術文化の担い手を養成することを目指す「育成型」などいくつかに分類されるが，それぞれの事業が果たす機能によって分類すると，以下の５点に集約されるだろう。

① 　市民の芸術文化鑑賞の機会を提供する
② 　市民の芸術文化活動の場を提供する
③ 　アーティストの創造活動を支援する
④ 　市民とアーティスト，市民同士・アーティスト同士の交流の機会をつくる
⑤ 　芸術文化を通じた人材育成，まちづくり活動の支援を行う

　①～③は，芸術文化を創りだすアーティストの活動を支援し，それを享受する市民に提供すること，また，市民が自ら行う芸術文化活動の場を提供するなど，芸術文化を生み出し鑑賞者とつなぐ活動である。いわば「芸術文化振興」の機能を果たしている，といえるだろう。一方④⑤は，芸術文化を通じて市民同士やアーティスト同士，市民とアーティストが交流し，従来の活動の枠を超えた新たな動きを促進する，あるいは芸術文化を通じたまちづくり活動を行う人材を育成するなど，地域を活性化する活動につながるきっかけをつくることに通じる。つまり「芸術文化を通じた地域振興」ともいうべき機能を指している。
　従前は文化ホールの役割といえば「芸術文化振興」と考えられていた。しかし，現代の文化ホールに求められる役割は拡大しており，「芸術文化を通じた地域振興」に関する機能を求められている。

図8-1　文化ホールの役割

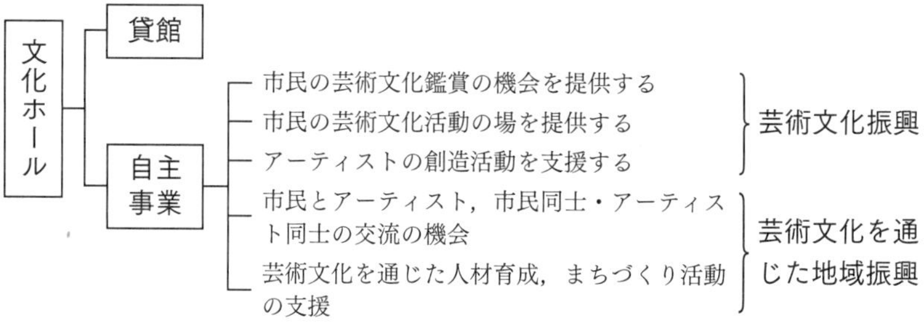

## 3．文化施設の運営手法

　文化ホールなどの文化施設は，大きくわけて公立（公設）のものと私立（私設）のものの二つに分類される。そのうち公立（公設）のものは，設置主体が国や自治体であるが，運営については国または自治体の直営の場合，国または自治体が設立した公共団体が運営する場合，企業やNPOなど民間団体が運営する場合がある。

　以前は，公立文化施設については事実上，国・自治体または公共団体のみが運営できることとなっていたが，2003年の地方自治法の改正により，自治体が設置する「公の施設」の管理運営を民間企業やNPOも担うことができる「指定管理者制度」が導入された。

　「指定管理者制度」が導入された背景には，多様化する住民のニーズに対して行政がすべて応えることができなくなっていることから，民間に任せてサービス向上につなげようとする考え方や，行政の財政難から経営の効率化が求められている事情がある。指定管理者は議会の議決によって選定され，多くの場合，3〜5年の指定期間を定められる。また，公募によって選定されることも多い。

　文化施設の運営に関しては，他の「公の施設」（公園，自転車駐輪場等）と異なり，自主事業を実施して「芸術文化振興」と「芸術文化を通じた地域振興」の担い手としての役割を負う関係上，運営者が短期間で交替することに

は大きな不都合が生じかねない。例えば，人材育成など時間のかかる事業を
いったん開始した後に施設運営者が替わると，事業実施の成果やノウハウは
蓄積されない。また，文化施設の事業担当スタッフは高度に専門性の高い業
務を担うにもかかわらず，指定管理の期間が短期であるため，雇用が安定し
ないなどの課題も指摘されている。


## ４．文化ホールの運営事例

　ここでは，地域に密着した役割を果たす文化ホールの事例として二つのホー
ルを見てみよう。

### （１）　サザンクス筑後（福岡県筑後市）[1]

　サザンクス筑後は，筑後市によって設置され1995年３月に開館した。公益
財団法人筑後市文化振興公社が開館以来，運営を担っており，現在は同公社
が指定管理者となっている。
　多目的ながら音楽を主目的として芸術性を求めた大ホール（1,300席），演劇
を主とした多目的ホールの小ホール（500席），フラットな空間のイベントホー
ル（200席）の三つのホールとギャラリー，研修室，練習スタジオ，野外ス
テージとしても使用できるベルひろばがある。
　2018年度の利用者数は約16万人と，筑後市の人口（2015年国勢調査人口
48,339人）の３倍以上に上る。三つのホールの平均稼働率は80〜90％とかな
り高い。
　サザンクス筑後は「まちづくり＝人づくり」の理念を掲げ，自主事業は「人
材育成事業」「普及啓発事業」「鑑賞事業」「その他の事業」の４本柱で構成さ
れている。
　このうち「人材育成事業」では，アートマネジメント人材，舞台技術者，
実演家，次世代と，それぞれの対象に向けて事業を実施しており，なかでも
1998年から継続している「こどものためのえんげきひろば」（小学２年生〜

写真8-1　サザンクス筑後外観
（写真提供：公益財団法人筑後市文化振興公社）

写真8-2　ダンスプログラム（同上）

中学3年生対象）など，演劇分野の事業を通した人材育成の実績が蓄積され
ている。また，賑わい創出のための事業や生涯学習支援，文化団体支援も実
施されている。
　「普及啓発事業」で特筆すべきは，市内の幼稚園・保育園（所），小中学校
等に演劇やダンス，音楽などのプログラムを提供しにアーティストが出向く

アウトリーチ事業である。2018年度は年間98回実施，延べ4,881人が参加した。また，平和を祈念する演劇公演などの平和事業や，実際のコンサート中に災害が起きた場合を想定した避難訓練コンサートなども含む防災啓発，災害からの復興支援事業も，芸術文化で地域に提供できることを実施しているものである。

（2）　長崎市チトセピアホール（長崎県長崎市）[2]

　長崎市の市立ホール「長崎市チトセピアホール」は1991年に開館，2015年度以降，指定管理者の有限会社ステージサービスが運営している。
　複合商業施設「チトセピア」の2階にあり，500席の多目的ホールのほかは楽屋が4室，兼用の会議室が一つ，あとはロビーがあるだけの施設だが，工夫を凝らした自主事業の展開で注目されている。自治体の財源に頼ることなく，2018年度は20件の自主事業や他館との共同事業を実施し延べ7,000人を超える参加者を集めた。貸館を含めたホールの稼働率は65％を超えている。
　自主事業は，「鑑賞事業」「協働・交流・コミュニティ事業」「体験事業」「教育事業」に分類されている。
　「鑑賞事業」では，地方都市ではふれる機会が少ない先鋭的なジャンルの音楽など，同市内や近郊の大規模ホールの事業構成とは一線を画すものが展開されており，他施設によって供給される芸術文化事業にはない要素を補完し，地域全体の文化環境を向上させている。
　「協働・交流・コミュニティ事業」では，県内外の文化施設や市内の大学，市民団体，NPOとの連携によるイベントの実施で，それまでホールに足を運ぶことがなかった層にも訴求している。
　チトセピアホールの事業は，ホールの座席を収納しフラットで広々とした空間として子どもの運動場として貸し出したり，ロビーを寄席としてしつらえるなど，常識にとらわれない発想によって行われている。幅広い人々が集まる場として，芸術文化活動を通した地域コミュニティの拠点となりつつある様子がうかがえる。

写真8-3　ロビーでの事業【落語】
（写真提供：有限会社ステージサービス）

写真8-4　長崎市内のNPO，大学等と連携して行う，
　　　　　障害の有無に関わらない創作活動「ツナグ
　　　　　アートワークス in チトセピアホール」
（同上）

注
1）　この項は公益財団法人筑後市文化振興公社「平成30年度事業報告書」及び
　　公式サイト（https://www.sathankusu-chikugo.or.jp/）をもとに記述した。
2）　この項は有限会社ステージサービス「平成30年度長崎市チトセピアホール
　　自主事業等活動記録」，公式サイト（https://www.chitosepiahall.com/）及び出
　　口亮太館長による「平成30年度全国公立文化施設協会　研究大会　第1分科
　　会【文化施設は必要とされているか～その存在意義とこれからの展開～】資
　　料」（公式サイト掲載）をもとに記述した。

第**9**章　文化政策と文化行政

# 第9章　文化政策と文化行政

　芸術文化と地域社会をつなぐ領域において，行政の役割は大きいものがある。企業，市民・NPOと公共の担い手が多様化するなかにあっても，芸術文化の振興と，芸術文化を通じた地域振興の両面で，多くの部分が行政の責務として担われることに変わりはない。

　この章では，「文化政策」と「文化行政」の違いに着目しつつ，芸術文化と社会のつなぎ手としての行政の役割を考えてみよう。

　なお，第1章でふれたように，本書では「芸術文化」という言葉を主に使用しているが，文化行政に関わる場面では「文化芸術」と表記されることが多い。この章では，文化庁や自治体の施策等に関する部分で担当する機関が使用している用語として「文化芸術」を使用する場合があることをお断りしておく。

## 1．文化政策の流れ

　まずは日本の文化政策の流れを第二次世界大戦後から簡単に振り返ってみる[1]。

　終戦直後の1945年，「文化国家」としての再生を目指し文部省社会教育局に文化課・芸術課が設置される。1950年度には優れた業績をあげた芸術家を表彰する芸術選奨が設けられ，1959年度には芸術文化向上のために貢献度の高い芸術文化団体に対して国からの助成制度が設けられた。

　1960年〜70年代になると，経済の高度成長を経て物質的豊かさだけでなく精神的に充実した文化的な生活を求める社会状況を背景に，文化庁が設置され（1968年）文化に関する行政を一体的に担当するようになる。

　1970年〜80年代は「文化の時代」「地方の時代」という言葉が聞かれるよ

うになり，国だけでなく自治体による文化への取り組みが進展した。主に教育委員会に置かれていた文化財や芸術文化に関する担当課が，その後，文化政策の領域の拡大から首長事務部局へと移されるようになっていく。

　1990年は文化庁が民間資金も含め「芸術文化振興基金」を創設，同年には「企業メセナ協議会」が発足し，芸術文化支援に民間の果たす役割が拡大し大きな転換期となった。また，1980年代から90年代半ばにかけて，地方都市で公立文化施設が数多く開館し，施設運営のあり方や芸術文化団体の経営に関するノウハウであるアートマネジメントの考え方が欧米から導入されるようになった。

　さらに1998年，特定非営利活動促進法が成立しNPO活動が認知されるようになると，芸術文化活動の担い手でNPO法人格を取得する団体が増加した。

　このような民間の動きと自治体の行財政改革の流れを背景に，2003年，公の施設の指定管理者制度が導入されると，公立文化施設の指定管理をNPOや企業が担う例が見られるようになっていく。

　2001年，それまでは体系的な法制度がなかった文化の領域に文化芸術振興基本法が施行された。同法は2017年に改正され文化芸術基本法となった。

　2010年代以降，芸術文化に関する事業や政策に対する評価の取り組みが活発になっている。これは厳しい財政状況を背景に行政の領域で導入された評価の仕組みが，芸術文化についても取り組まれるようになったものである。また，芸術文化の力を社会に活用する動きが広がり，文化政策が教育，福祉，地域づくりなど他の領域の政策と連携して行われるようになってきた。


## 2．法制度の整備

　前節でも述べたように，2001年に施行された文化芸術振興基本法は「文化芸術振興の基本理念を明らかにしてその方向性を示す」[2]もので，文化行政が新たな局面を迎える契機となった。

　同法では，「文化芸術を創造し，享受することが人々の生まれながらの権利

である」と文化権に関わる規定が盛り込まれ，「国民がその居住する地域にか
かわらず等しく，文化芸術を鑑賞し，これに参加し，又はこれを創造するこ
とができるような環境の整備が図られなければならない」と国の責務が明記
された（第2条第3項）。同法成立後，法の精神を具体化するために「文化芸
術の振興に関する基本的な方針」が4次にわたって策定された。

　2012年，劇場，音楽堂等の活性化に関する法律（劇場法）が施行された。
この法律は，文化施設の劇場，音楽堂等としての機能が十分に発揮されてい
ないこと，実演芸術団体の活動拠点が大都市圏に集中しており，相対的に地
方では多彩な実演芸術に触れる機会が少ないことを課題と認識し，①劇場，
音楽堂等を設置・運営する者，実演芸術団体等，国，地方公共団体の役割を
明確にするとともに，これらの関係者等が相互に連携協力することを明確に
する（第2条〜第8条），②国及び地方公共団体が取り組むべき事項を明確に
し，劇場，音楽堂等を取り巻く環境の整備等を進める（第9条〜第15条），③
劇場，音楽堂等の事業の活性化に必要な事項に関する指針を国が作成する（第
16条）ことを主な内容としている[3]。

- - - - - - - - - - - -

（劇場法前文一部抜粋）
劇場，音楽堂等は，文化芸術を継承し，創造し，及び発信する場であり，人々
が集い，人々に感動と希望をもたらし，人々の創造性を育み，人々が共に生き
る絆を形成するための地域の文化拠点である。また，劇場，音楽堂等は，個人
の年齢若しくは性別又は個人を取り巻く社会的状況等にかかわりなく，全ての
国民が，潤いと誇りを感じることのできる心豊かな生活を実現するための場と
して機能しなくてはならない。その意味で，劇場，音楽堂等は，常に活力ある
社会を構築するための大きな役割を担っている。
さらに現代社会においては，劇場，音楽堂等は，人々の共感と参加を得ること
により「新しい広場」として，地域コミュニティの創造と再生を通じて，地域
の発展を支える機能も期待されている。また，劇場，音楽堂等は，国際化が進
む中では，国際文化交流の円滑化を図り，国際社会の発展に寄与する「世界へ
の窓」にもなることが望まれる。

- - - - - - - - - - - -

82

　17年，文化芸術振興基本法が改正され文化芸術基本法となった。文化庁によれば，その改正趣旨は次のとおりである。

> 1．文化芸術の振興にとどまらず，観光，まちづくり，国際交流，福祉，教育，産業その他の各関連分野における施策を法律の範囲に取り込むこと
> 2．文化芸術により生み出される様々な価値を文化芸術の継承，発展及び創造に活用すること

　法の改正趣旨は，芸術文化の地域や社会における役割の拡大を反映している。このような幅広い領域での取り組みは国や自治体のみで担うことができるものではなく，企業やNPO等も含めたさまざまな主体との連携によって行われることは必然である。


## 3．文化「行政」から文化「政策」への転換

　「政策」というともっぱら行政が担当するもので，市民，NPO，企業等はその客体となるか，あるいは行政が用意した場で「参画」するものとイメージされるかもしれない。しかしNPOや企業による活動は，行政による政策のプランニングや執行，評価への参加というスタンスを超え，自らが政策の担い手というべきであり，NPO，企業も行政と並び立つ政策の担い手であると考えるべきであろう。
　文化政策の担い手については，主として責任の所在を明確にする趣旨から行政のみが主体であるとし，「文化政策」と「文化行政」を同義とする考え方がある[4]。しかし，芸術文化支援に関係する活動は法令に基づく行政の執行ではなく地域の実態に即した政策を必要としている。このような領域については行政だけでなく，多様な担い手による「文化政策」が展開されることが適切である。そこで，本書では，「文化政策」をNPO，企業，行政等多様な主体によって担われるものと捉え，「文化行政」は「文化政策」のなかでも，

もっぱら行政によって担われる領域と整理しておく。

## 4．文化行政の今

　国の文化行政は複数の省庁に担当が広がっている。例えば，文化を通じた国際交流であれば外務省が独立行政法人国際交流基金を通じてさまざまな交流プログラムを実施しており，美しいまちなみを形成・維持するなど景観に関することは国土交通省が担当，ファッション，デザイン，アニメ，映画，食文化，観光等を含むクリエイティブ産業については経済産業省が21世紀のリーディング産業へと育成する施策を打ち出している。また，地域振興と芸術文化の関連では総務省の施策にも関係するものが見られる。さらに，文化と経済の関連については内閣官房と文化庁が「文化経済戦略」を2017年に公表している。

　その中でも，国の文化行政を中心的に担うのは文化庁である。以下，国による文化行政の動きとして文化庁による施策の方針を簡単に整理しておく。

◎文化庁による施策の方針

　文化庁は，文部科学省（当時は文部省）の外局として1968年に設置され，芸術文化，国語，宗教等と，文化財，美術館・博物館等に関することを所管している。

　行政の仕事は法令に基づいて実施されることが原則で，文化に関しては2017年の文化芸術基本法（文化芸術振興基本法の改訂）後，18年には法に基づき文化芸術推進基本計画（第1期）が閣議決定され，これが文化行政の方針となる。

　同計画は文化芸術に関する施策の総合的かつ計画的な推進を図るため2022年度までの期間を見通して策定されており「文化芸術の『多様な価値』を活かして，未来をつくる」と副題がつけられている。この計画では「文化芸術の『多様な価値』」を「文化芸術の本質的価値及び社会的・経済的価値」と

し，その価値を「文化芸術の継承，発展及び創造に『活用・好循環させ』，『文化芸術立国』を実現することを目指す」と述べられている。

　また，計画では中長期的な視点からの四つの目標（「今後の文化芸術政策の目指すべき姿」）を定めている。

---

●目標1　文化芸術の創造・発展・継承と教育
　文化芸術の創造・発展，次世代への継承が確実に行われ，全ての人々に充実した文化芸術教育と文化芸術活動の参加機会が提供されている。
●目標2　創造的で活力ある社会
　文化芸術に効果的な投資が行われ，イノベーションが生まれるとともに，文化芸術の国際交流・発信を通じて国家ブランドの形成に貢献し，創造的で活力ある社会が形成されている。
●目標3　心豊かで多様性のある社会
　あらゆる人々が文化芸術を通して社会に参画し相互理解が広がり，多様な価値観が尊重され，心豊かな社会が形成されている。
●目標4　地域の文化芸術を推進するプラットフォーム
　地域の文化芸術を推進するためのプラットフォームが全国各地に形成され，多様な人材や文化芸術団体・諸機関が連携・協働し，持続可能で回復力のある地域文化コミュニティが形成されている。

---

　特に「目標3」に関連して，同計画では「文化芸術は，人々が文化芸術の場に参加する機会を通じて，多様な価値観を尊重し，他者との相互理解が進むという社会包摂の機能を有している」と記載している。この目標を実現するためには「子供から高齢者まで，障害者や在留外国人などが生涯を通じて，居住する地域にかかわらず等しく文化芸術活動に触れられる機会を享受できる環境を整えること」が望まれ，「文化芸術の豊かさと多様性」を大切にする方策が必要である[5]。

注
1）　文化庁「我が国の文教政策（平成5年度）」ほか参照。
2）　文化庁監修「文化庁40年史　文化芸術立国の実現を目指して」の「はじめに」参照。
3）　文化庁公式サイト「劇場，音楽堂等の活性化に関する法律について」参照。
　　http://www.bunka.go.jp/seisaku/bunka_gyosei/shokan_horei/geijutsu_bunka/
　　gekijo_ongakudo/gaiyo.html
4）　根木昭『文化行政法の展開　文化政策の一般法原理』（水曜社　2005年）
　　p. 17参照。
5）　カギカッコ内はすべて同計画の文言から引用している。

第 **10** 章　企業メセナの動向

# 第10章　企業メセナの動向

　企業が地域で活動を展開するためには，営利活動のみならず，立地する地域における企業市民としての活動が重要である。メセナ活動もその一環として捉えることができる。近年はCSR（Corporate Social Responsibility；企業の社会的責任）に関する取り組みも進み，地域社会との良好な関係づくりを重視する企業が増えつつある。

　この章では，メセナの基盤となる考え方としてCSRやSDGs（Sustainable Development Goals；持続可能な開発目標）にふれ，公益社団法人企業メセナ協議会（以下，企業メセナ協議会）の「企業メセナ活動実態調査」の結果をもとに企業メセナの動向を整理する。また，同協議会の活動から芸術文化を通じた地域活性化に対する企業の関わり方や，文化政策の主体としての企業の活動について見てみよう[1]。

## 1．企業メセナとは

　メセナ［mecenat］とは，芸術文化支援を意味するフランス語で，古代ローマ時代の皇帝アウグストゥスに仕えた高官マエケナス（Maecenas）が詩人や芸術家を手厚く庇護したことから，後世その名をとって「芸術文化を庇護・支援すること」を「メセナ」と呼ぶようになった。通常，「企業メセナ」という言い方で，「企業による芸術文化支援」を指すことが多い。

　1990年，企業メセナ協議会が発足した際に「メセナ」という言葉が日本に導入され広まっていったが，企業の芸術文化支援活動自体はそれ以前からさまざまな形で行われていた。例えば百貨店や新聞社・テレビ局による展覧会の開催など文化的催事は人々の文化的欲求を満たしてきたし，資生堂によるギャラリーの運営や出版活動など，明治期から新しい文化の提供に努めてき

た企業もある[2]。

　古くは，江戸時代の商人による歌舞伎や浮世絵に対する支援なども，メセナ活動の一環であったといえるかもしれない。近世の商人道においては「陰徳」という言葉があるように，商売で利益をあげることを倫理的に整合させる手段としての社会貢献活動を人知れず行う傾向があった。しかし，現代の企業メセナに関する考え方は大きく変わってきている。

　1970年代以降，公害や欠陥商品，誇大広告，便乗値上げ，海外での反日感情等，企業が引き起こした社会的問題への反省から，企業が果たすべき社会的責任としての社会貢献が求められるようになる。よき企業市民であることはビジネスにも役立つとの認識が広がり始めた時代であった。その後，1980年代後半からのバブル期には，企業メセナの分野も盛んになっていったが，芸術文化支援によるイメージ向上，広告効果を狙った「冠イベント」が多く見られた。この時期，時代の流れに乗って展開された企業メセナ活動の中には，バブルの崩壊とともにその活動が長続きしなかったものもあるが，その後も継続される活動は，なぜ芸術文化を支援するのか，その社会的意義を社内外にアピールできるだけの根拠を持って展開されるものが残ったともいえる。

　現代の企業メセナ活動では，メセナを CSR や SDGs に向けた活動の一環と位置づけている企業が増加している。


## 2. CSR と SDGs

### （1） 企業メセナと CSR

　CSR とは，企業が利益を追求するだけでなく，その活動による社会的影響に責任を持ち，あらゆるステークホルダー（利害関係者：顧客，株主，従業員，一般消費者，取引先，そして社会全体）に対して適切な意思決定をすることを指す。企業として社会への説明責任を果たすことや，法令順守，環境への配慮等と同時に社会貢献活動も CSR の一環として位置づけられており，

企業メセナもそのなかの一領域とされていることが多い。

　CSR には三つの次元があるといわれる。

　企業経営のあり方そのものである経営活動のなかでの環境や人権に対する配慮などが第 1 の次元，次に環境問題など社会課題にビジネスの手法でアプローチする社会的事業が第 2 の次元，そして資金や人材など企業の経営資源を活用したコミュニティ支援である社会貢献活動が第 3 の次元とされる。

　第 3 次元の社会貢献活動のうち，芸術文化を対象としたものが企業メセナであり，経済活動のための組織である企業が経済的な見返りを求めず，地域や社会で存立するために行う活動として位置づけられる。しかし，メセナ活動のなかには，社会課題の解決に本業で取り組む CSV（Creating Shared Value；共有価値の創造）の考え方も見られる[3]。

　CSR や CSV は，経済発展を中心に置く 20 世紀から，経済は社会や環境のなかで成立しているものと考える21世紀型の思考法への移り変わりがベースになっている。

図10-1　CSR の三つの次元

| 企業経営のあり方そのもの | ①経営活動 | 環境や人権に対する配慮<br>従業員の採用・昇任，労働環境<br>製品の安全性<br>情報公開<br>法令順守（遵守）（コンプライアンス） |
| 地域の社会的課題への取り組み | ②社会的事業 | 環境配慮型商品の開発<br>高齢者・障害者支援商品・サービス<br>フェアトレード |
| | ③社会貢献活動<br>経営資源を活用したコミュニティ支援 | 金銭的支援（寄附）<br>製品・施設・人材・本業の技術などを活用した支援 |

出典：谷本寛治『CSR　企業と社会を考える』（NTT 出版，2006 年）より筆者作成

（2） 企業メセナと SDGs

　SDGs（持続可能な開発目標）とは，2001年に策定されたミレニアム開発目標（MDGs）の後継として15年9月の国連サミットで採択された「持続可能な開発のための2030アジェンダ」に記載された，2016年から30年までの国際目標である。持続可能な世界を実現するための17のゴール・169のターゲットから構成され「地球上の誰一人として取り残さない」ことをうたっている。

　近年，企業メセナ活動は SDGs と関係づけて語られる機会が増えている。SDGs の根幹は人権と貧困問題への取り組みである。芸術文化を多角的に支援することは，芸術文化にアクセスする機会を与えられない層，特に若年層にさまざまな可能性をもたらすことにつながる。企業メセナは文化的貧困だけでなく，経済的・社会的貧困に対しても大きな効果・影響を及ぼすことが考えられる[4]。

## 3. 企業メセナ活動の動向
### ～「メセナ活動実態調査」から～

　日本における企業メセナ活動の動向については，企業メセナ協議会が毎年実施している「メセナ活動実態調査」で知ることができる。この調査は1991年から継続実施されており，調査年の前年度1年間に実施した活動について調査されている。

　2018年度の調査結果を5～15年前と比較すると以下のような傾向が見られることが報告されている[5]。

① 取り組み目的
　活動への取り組み目的を5年前の結果と比較すると「社業との関連，企業としての価値創造」を挙げる企業が大幅に増加しており，ここ数年で自社の事業と絡めた活動に取り組む企業が増えていることがわかった。

②　取り組みの重視点

取り組み目的に「芸術・文化支援」と「社会課題解決」を挙げた企業の双方ともに，地域の活性化や地域文化の振興を重視していることがわかった。地域やまちづくり重視の傾向は過去の調査から変わっていないが，ここ数年は次世代育成を重要な目的の一つとする傾向が強まっている。

③　事後評価

2018年度は「社会的意義」を評価の観点とする企業が最多だったが，15年前も結果は同様だった。一方，当時と比較すると「妥当性」「経済性」「達成度」の割合が大きく伸びていることがわかった。この15年間で企業による活動の社会的意義についての評価の在り方，またその数値化，指標化への模索の動きが進んでいることがうかがえる。

④　活動の成果

10年前と比較すると活動の結果「社員の啓発につながった」と回答した企業が約1割増加していることがわかった。

## 4．公益社団法人企業メセナ協議会の活動

上述の「メセナ活動実態調査」のほか，企業メセナ協議会では企業メセナへの意欲を高め，社会のメセナに対する理解を深めるために，その啓発・普及活動をはじめ，調査・顕彰等の事業を行っている。主な事業内容は，企業の芸術文化支援についての，(1) 助成事業：芸術活動への寄付を促す「助成認定制度」の運営，(2) 認定・検証事業：メセナの意義と重要性を広く社会に発信する「This is MECENAT」「メセナアワード」の実施，(3) 調査・研究事業：実態調査の実施，芸術・文化に関するテーマ別研究ほか，(4) セミナー事業：メセナに関するセミナー等の開催，ネットワークづくりや交流の場づくり，(5) コーディネート・コンサルタント事業：メセナや芸術文化の環境整備に関する各種プログラムの開発や運営協力，講師派遣，などである。

企業メセナ協議会は，企業メセナのみならず，文化政策やアートマネジメントなど芸術文化支援全般を対象としており，政策提言も活発に行っている。

2009年3月には「社会創造のための緊急提言『ニュー・コンパクト』～文化振興による地域コミュニティ再生策～」を公表している。この提言は，経済危機といわれる状況下にあって，経済再建策のみを中心に社会再生を目指すことに対する強い危機感から検討されたものである。経済の疲弊で衰退した地域が文化への集中投資によって経済再建を含む再生を果たした地域創造の事例が内外に数多く存在することから，多様な社会的課題の解決に寄与する文化の力や創造性が社会再生の鍵であることに着目し，社会の再生と創造のために文化への集中投資を政策的優先事項として提言している。提言内容は（1）循環型社会の再生と創造，（2）地域文化の再生と創造，（3）市民自治による社会的な課題解決，（4）セクター間ネットワークの強化，（5）地域間ネットワークの形成，の五つの原則と，同じく五つの緊急アクションプラン「地域資源の活用とコミュニティ経済の確立」「文化への集中投資」「地域の市民セクターの強化」「領域横断的な地域文化振興策の強化」「クリエイティブ・コミュニティ・ネットワークの構築」から成る。

　このように，経済活動を行う企業の集まりでありながら，経済再建策だけでなく文化の力による地域再生が必要であることを政策提言している点が注目される。

　「ニュー・コンパクト」はその後，2012年に「東日本大震災後の社会構築に関する提言『ニュー・コンパクト ver. 2～文化による地域コミュニティー再生策～』」が発表され，さらに2014年には2020年の東京オリンピック・パラリンピック開催に向けた文化による社会創造の取り組みに関する声明が発表されている。

　また，2011年の東日本大震災後には，芸術文化による復興支援ファンドをすみやかに立ち上げ注目されたが，震災にとどまらず近年頻発する甚大な災害が発生した場合に備え，2017年からは，ファンドの名称を「GBFund 芸術・文化による災害復興支援ファンド」として，芸術・文化による災害復興支援を必要とする地域に迅速に対応できる仕組みとして運営している。

注

1）　この章は公益社団法人企業メセナ協議会公式サイト（https://www.mecenat.
or.jp/ja/）及び同協議会の各種報告書等を参照して構成した。

2）　福原義春『企業は文化のパトロンとなり得るか』（求龍堂　1990年）参照。

3）　例えば，服飾メーカーが障害者のアート作品を取り入れた商品を扱う例な
どが考えられる。

4）　企業メセナ協議会が2019年 6 月17日に開催した「SDGs とメセナ vol.2
『2018年度メセナ活動実態調査』報告会　および　企業活動紹介セミナー」の
レポート（企業メセナ協議会公式サイト https://www.mecenat.or.jp/ja/blog/
post/sdgsvol2_2018/）参照。

5）　同セミナー（2019年 6 月17日）での報告。上記サイトからの引用である。

第 **11** 章　アートNPOとアートボランティア

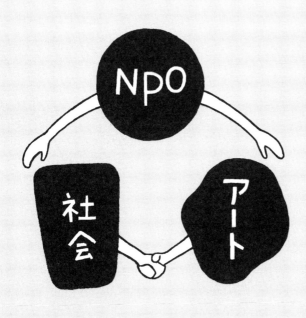

# 第11章　アートNPOとアートボランティア

　行政・企業と並ぶ現代日本社会を構成する公共の担い手として，NPOをはじめとする市民セクターの存在は定着している。既存のセクターである行政・企業と比較して，意思決定や行動の迅速性，柔軟性などの点で優れ，地域のニーズに対するきめ細やかな対応が可能であるとして期待される一方，経営基盤の脆弱さなど課題も残されているが，地域に密着した公共サービスを供給する存在として，その重要性が認識されている。

　NPOの活動を支える人材の面では，ボランティアの存在感が大きい。ボランティアはNPOの事業や運営を支えるだけでなく，全国で数多く展開されている各種イベント地域活動，災害救助や復興支援にも欠かせない存在となっている。

　この章では，芸術文化の力を活用した地域づくりの担い手として，文化施設，行政，企業と並び立つ「アートNPO」と「アートボランティア」に着目する。

## 1．NPOとは？

　NPOとはNon-profit Organizationの略で，「民間」「非営利」の立場で「公共」的な活動を行う「組織」である。自分たちが暮らす社会を自分たちの発想でよりよく創ろうとする「こころざし」を持ち行動する市民の集まりで，環境，福祉，教育，医療，国際交流，文化などさまざまな領域で，他のNPOや行政，企業とも連携しながら活動している。

　公共性の高い活動を行うが，民間の立場である点が行政とは異なり，また，収益を上げる事業を行っても，団体の構成員に収益を分配せず社会に貢献する公共的な活動の資源とする点が企業とは異なる。

広い意味ではさまざまな非営利組織を含むが，特に特定非営利活動促進法に基づき法人格を取得した団体をNPO法人（特定非営利活動法人）と呼ぶ。

所轄庁から認証を受けたNPO法人の数は，2019年6月30日現在，全国で51,525団体である[1]。

一般にNPOと呼ばれているのは必ずしもNPO法人とは限らない。法人格の有無にかかわらず，福祉，医療，社会教育，環境，災害支援，国際化など多様化する地域社会のニーズに応える活動を展開している。

NPOは，地域に密着した課題に関するピンポイントの専門知識を持ち，これまでにない新しい発想で社会的な課題解決に取り組み，課題を見つけた時点で臨機応変に対応するなどの点で，行政や企業にない特徴を持っている。

## 2. アートNPO

### （1）「つなぎ手」としてのアートNPO

本書では，芸術文化が人づくりや街づくりに力を発揮することを述べてきたが，そもそも芸術文化はそれ自体に価値があるものであり，アーティストは，「何かのために」活動するとは限らない。芸術文化が持っている力を社会に生かすためには「つなぎ役」が必要なのである。その「つなぎ役」として注目を集めるのがアートNPOである。

アートNPOとは，「アートが社会を先取りする力を持っており，多様な価値を創造する社会的な存在と捉え，市民自治の理念にもとづき，幅広く領域をこえたNPO，行政，企業等と連携し，豊かな市民社会を創出する役割を担う」ものである[2]。本書でとりあげた，芸術文化を通じた地域振興に関わる活動にも多くのアートNPOが関わっている。アートNPOは各地で独創的な活動を展開し，芸術文化の領域に留まらず教育，福祉，地域づくりなど地域の多彩なステージで新たな動きを起こしている。

アートNPOの数については，NPO法人アートNPOリンクが公開している「アートNPOデータバンク2016-17」で，法人格を有する団体が把握され

ている。同データバンクには「2016年12月末時点で認証された NPO は 5 万 1,431件，一方で解散した NPO も約 1 万3,006件〔原文のまま〕にのぼる。NPO 法の第 6 号目的である『学術，文化，芸術又はスポーツの振興』を定款に含める NPO は，全体の 3 分の 1 弱で，アート NPO リンクの調べによれば，アート NPO の数は2003年 9 月の535件から，2016年 9 月には4,272件に達している」と記載されている[3]。

### （2）　アート NPO の運営実態

全国には多様なアート NPO が存在しているが，アート NPO が抱えている課題には共通するものがある。

表11-1　アート NPO と NPO 法人一般との比較

〔法人数〕

| 時点 | 一般 | アート NPO |
|------|------|-----------|
| 2006年 | 8,495 | 1,742 |
| 2016年 | 18,083 | 4,272 |
| 伸び率 | 2.1倍 | 2.5倍 |

＊一般の法人数は定款に「学術，文化，芸術又はスポーツの振興を図る活動」を掲げる団体数

〔常勤有給職員数平均〕

| 一般 | アート NPO |
|------|-----------|
| 6.7人 | 2.7人 |

＊一般は NPO 法人全体・2015年，アート NPO は2016年

〔総収益平均〕

| 一般 | アート NPO |
|------|-----------|
| 4,479万円 | 1,721万円 |

＊2015年時点

## アート NPO の課題

組織や人員の面で十分な体制を整えられない

| 2006年 | 26.1% |
|--------|-------|
| 2016年 | 42.9% |

アート NPO の活動が行政や企業に十分に理解されていない

| 2006年 | 29.3% |
|--------|-------|
| 2016年 | 19.9% |

　前述の NPO 法人アート NPO リンクが発行した「アート NPO データバンク 2016-17」では，10年前の2006年時点で実施したアート NPO 運営実態調査と比較し，アート NPO 運営の10年間の変化と課題をまとめている。それによると，アート NPO は常勤職員数平均2.88人（中央値1.00人），そのうち有給常勤職員数2.74人（中央値0.00人）と，きわめて少人数の職員に支えられている。そして，有給職員のいないアート NPO 法人が40％以上，27％であった10年前からその割合が増大している。

　さらに NPO 一般の法人の総収益を見ると平均4,803万円であり，内閣府「市民活動団体基本調査」（2005年）による2,147万円から10年で2倍を超える増加傾向を示しているなかで，アート NPO の場合は1,047万円から1,721万円へと，増加はしているものの増加率は低い。3,000万円以上の収益を上げる大規模団体が増加している一方で，100万円未満の法人が大きく増えており，アート NPO の35％以上が100万円未満（0円を含む），全体の55％以上が500万円未満の収益で運営している。10年間で大規模団体と零細団体の格差が拡大していることがわかる。

　つまり，NPO 法人一般については，10年間に人的・経済的基盤が向上している傾向が見られるのに対し，アート NPO 法人については依然として厳しい運営状況にあるといわざるを得ない。

## （3）　パートナーシップの促進，政策主体としてのエンパワメントの必要性

　不安定な環境にあっても活動を続ける人々の情熱を支えているのはアートへの愛情と「公共を担う民」としての高いモチベーションである。ただし，

情熱がいつまでも続く保障はなく，適切な社会的サポートが必要である。

　前述のアート NPO データバンクによれば，10年の間隔をおいた2度の運営実態調査の間に，アート NPO の組織や人員の面では十分な体制が整えられていないが，一方で行政や企業のアート NPO の活動に対する理解は進んだと考えられている。今後は行政，企業の「理解」を超えた積極的なパートナーシップが求められる。

　特に行政は，地域課題のよりよい解決のために民間の力を活用することを促進しており，文化政策の領域でも文化施設の運営を NPO 等民間団体に委ねる指定管理者制度導入をはじめ，さまざまな場面で行政と NPO との新たな関係が始まっている。

　また，企業メセナ協議会がメセナに関する基盤整備や課題研究のために設けている研究部会の2003年度テーマとして「アート NPO と企業メセナ」を選択するなど，企業でも NPO との連携は早期から進められている。

　協働は，単体で活動するよりも大きな効果が得られることを期待して行われるものである。その際，目的を明確にし，協働を行う各主体の特性を生かしあう形でのパートナーシップが重要となる。芸術と社会をつなぐ領域について，アート NPO が行政・企業と協働する場合，特定の分野でアート NPO が持つ専門性や，潜在的なニーズを感知する力，機動性，柔軟性，多様なネットワークなどの特性が生かされるべきであろう。

　また，アート NPO 側がより積極的に活動の社会的意義を明示し，政策提言を行うなどプロジェクトの実施にとどまらず政策主体としての力を身につけ，その存在感をアピールすることも必要である。


## 3．アートボランティア

　前節で見たとおり，有給職員がいないアート NPO 法人が存在するなか，多くのボランティアスタッフがその運営を支えている実情がある。

　しかし近年は，アート NPO の運営だけでなく文化施設の運営やアートイベントを支えたり，地域文化の魅力を発信したり，さまざまなアートボラン

ティアの活躍が目覚ましい。

　ここでは，芸術文化と社会をつなぐ草の根の活動であるアートボランティアについて考えてみよう。

## （1）　アートボランティアとは？

　「ボランティア」という言葉は，現代の日本の社会に幅広く浸透している。衣食住が一通り充足した時代にあって，個人の趣味や経験，余暇時間を生かす方法として，ボランティア活動に魅力を感じる人が増えている。「ボランティア＝もうひとつの豊かな生き方」ともいわれ，仲間づくりや自己啓発の場として捉えられている。

　芸術文化に関わる領域では，河合隼雄・元文化庁長官が提唱したことから2002年以降に「文化ボランティア」という言葉が一気に広まった。もちろん，それよりもずっと以前から芸術文化に関わるボランティア活動は各地で行われていたが，そこに「文化ボランティア」というネーミングを冠したことで，認知度が格段に向上した感がある。

　提唱者の河合元長官によれば，文化ボランティアとは，「文化芸術に自ら親しむとともに，ほかの人が楽しむのに役立ったり，お手伝いするようなボランティア活動」である。この定義はかなり幅広い内容を含んでいる。コンサートを例にとると，当日のチケットもぎりや駐車場整理などの手伝いから，コンサートの企画運営自体を担うことまで，すべてを含むことになる。また，河合氏の定義には「芸術文化に親しむ」「楽しむ」といった柔らかな言葉が使われており，福祉や環境など，他の分野のボランティアよりも，自分自身が楽しむ活動であることに重きを置く傾向があることもうかがえる。

　近年は，特に各地で数多く展開されるアートプロジェクトの運営をサポートする存在としてボランティア制度を導入する例が見られ，一般的に「アートボランティア」などと呼称されることが増えている。

（2）　アートボランティアの活動

　アートボランティアという概念はまだ新しく，何をもってアートボランティアというのか，その活動領域をきちんと線引きすることは難しい面がある。文化施設，あるいは自治体などが登録制のボランティア組織を抱えていることも多く，組織に属している人たちの活動は把握しやすいが，例えば民間の文化団体で不定期に活動するボランティアの実態を知ることは容易ではない。文化施設での活動や行政が主体となってボランティア組織を運営している場合を例にとり，アートボランティアの活動を整理してみると，公的機関などに活動の場を用意してもらって参加するところから，活動の場をつくることも自分たちでやってしまう段階まで，アートボランティアにはさまざまな活動がある。これらの活動を 3 段階に分けると次のようになる。

　①　美術館，公共ホールなど文化施設の事業を支える補助的な活動
　（例）美術館での作品解説，コンサートのもぎり等。
　文化施設などで行われている事業のお手伝い，といった内容であり，多くの場合，文化施設側から「いつ，どこに来て，この仕事をお願い」という依頼があって活動に結びつく。
　②　文化施設や文化イベントでの，運営主体（公共団体）とのパートナーシップによる活動
　（例）文化施設の事業企画・運営に主体的に関わる。
　文化施設の事業や大規模な文化イベントで，主催者との協働関係を持ちながら，ある程度自主的な活動を行う場合である。多くの場合，アートボランティア組織としても自主的な運営がなされている。
　③　地域文化を創造する自立した市民活動
　（例）市民ミュージカル，映画祭，祭りなど地域づくりと密接に関わる文化活動の企画運営。文化施設と学校をつなぎ子どもの芸術体験をサポートする活動。
　この段階になると，すでに文化施設や行政などに付随した活動ではなく，NPO 的な活動といえる。

◎「ボランティア」の基本概念

「ボランティア」という言葉が意味するものを少し整理しておきたい。以下は,『文化ボランティアガイド』（大久保邦子監修, 株式会社日本標準, 2004年）に掲載されている「ボランティア」の基本概念である。

1　自発性・主体性……………………自分の意思で，自分から進んで行動する。
2　公共性・連帯性……………………支えあい，学びあいながら社会貢献する。
3　無償性・無給性……………………金銭的な報酬が目的ではなく，見返りを求めない。
4　創造性・開拓性・先駆性………理想的な環境や社会を創造していく。

　3の「無償性」については，時々誤解されることがあるようだが,「ボランティアの活動でお金を受け取ってはいけない」という意味ではない。実際，ボランティア活動に対して交通費などの実費程度あるいはプラスアルファの支給がされることもある。ボランティア活動は金銭的な見返りが主な目的ではない，という意味で捉えるべきであろう。
　また，4の「創造性」等については，ボランティアが時間とお金の余裕がある人々の自己実現の領域を超え，社会を変革していく，まちづくりの推進役としての可能性を持つことを示している。

注
1）　都道府県と指定都市による認証数の合計である。
2）　NPO法人アートNPOリンクによるアートNPOの定義に古賀が補足。
　　アートNPOリンクのHP（http://arts-npo.org/artnpolink.html）参照。
3）　同データバンク所収, 吉本光宏「アートNPOのこれまでとこれから

―『アートNPOリンク』の活動を軸に」(p. 8) 参照。アートNPOリンクによれば，アートNPO数のカウントは以下のように行われた。「アートNPO法人とは，ここでは『芸術文化に係る活動をしているNPO法人』とし，特定非営利活動法人の定款に記載された特定非営利活動20分野のうち，第6号『学術，文化，芸術又はスポーツの振興を図る活動』を記載し，主たる活動が学術とスポーツに限定した法人を除き，文化や芸術に係る活動をしていると思われる法人，および主たる活動領域は異なっているが，芸術や文化に関わりの深い活動をしていると思われる法人を抽出した。

　抽出に際しては，内閣府提供の『NPO法人ポータルサイト』(https://www.npohomepage.go.jp/npoportal/search) に公開されている情報をもとに当法人がおこなった。定款だけでは活動内容が不明瞭な場合には，各法人のウェブサイトなど公開情報によってその活動を確認した。」(アートNPOリンク「アートNPOデータブック2016-17」p. 57参照)

**参考文献**

大久保邦子監修『文化ボランティアガイド』株式会社日本標準　2004年

特定非営利活動法人アートNPOリンク「アートNPOデータバンク2006」及び「アートNPOデータバンク2016-17」

社団法人企業メセナ協議会研究部会編『企業メセナ協議会研究部会　2003年度研究報告　企業メセナの新たな展開―アートNPOとの連携―』

第12章　芸術文化と社会づくり

# 第12章　芸術文化と社会づくり

　ここまで，芸術文化の力を活用した地域づくりについて，教育や医療・福祉など人づくりの面，そして地域課題の解決など街づくりの面から概観し，さらにそれらの活動の担い手について検討してきた。

　最終章では，地域づくりを超えた「社会づくり」ともいうべき領域で芸術文化がどのように作用するのかを確認したい。

　これまで見てきたように，芸術文化には教育や福祉，医療など，人々の生活に身近な領域に働きかけることで，生きる力を育み，よりよい生を送ることができるようになる「人づくり」と，人々が暮らす地域や都市のレベルで芸術文化によって課題解決が図られ，経済効果などの波及効果がもたらされる「街づくり」の作用が知られるようになり，地域政策，都市政策に取り入れることが一般化している。人が暮らすまちをよりよいものへと変えるよう，そのまちに関わる人が働きかけることが地域づくりであるといえよう。そして地域づくりの先には，あるべき社会を構築していく人々の営みがあり，そこにも芸術文化の力を活用してできることがある。

　現代日本社会の状況から求められる社会のあるべき姿はいくつかの側面から捉えることができるだろう。ここでは「社会包摂」と「地域共生社会」という二つのキーワードから考えてみたい。

## 1．社会包摂とアート

### （1）　社会包摂とは

　社会包摂（social inclusion）とは，社会参加から切断されることによる社会的不利（＝社会的排除　social exclusion）に対置される概念である。そのため，

112

社会的排除の概念から検討すると理解しやすい。

　社会的排除とは，人々が社会に参加することを可能にするさまざまな条件（雇用，住居，諸制度へのアクセス，文化資本，社会的ネットワークなど）の欠如によって，それらの人々の社会参加が阻害されることをいう。こうした排除を防ぎ，誰も孤独にさせないことが社会包摂の中核概念である。

## （2）　社会包摂とアートの関係

　近年，日本では福祉分野だけでなく芸術文化の分野でも「社会包摂」という用語が頻出するようになっている。特に国の文化政策の方向性を示す場面で社会包摂という用語が用いられ，達成すべき目標として掲げられている。

　例えば文化庁が2018年に策定した「文化芸術推進基本計画－文化芸術の「多様な価値」を活かして，未来をつくる－（第1期）」では，「目標3　心豊かで多様性のある社会」のなかで，以下のように位置づけている。

　「文化芸術は，人々が文化芸術の場に参加する機会を通じて，多様な価値観を尊重し，他者との相互理解が進むという社会包摂の機能を有している。」

　こうした政策面で明記されるようになる以前から，文化ホールやアートNPOの事業では社会包摂に関する取り組みが行われていた。

　岐阜県可児市の「可児市文化創造センターala」（以下，ala）では，孤立しがちな人を芸術文化活動により社会の構成員として包摂する取り組みの一環として2009年度から「まち元気プロジェクト」を開始している。高齢者，障害者の施設，病院などへのアウトリーチのほか，市民と市内在住外国人を舞台芸術への参加機会によってつなぐ多文化共生の活動や，地元企業・団体からの寄付で市内の子どもたちへ公演チケットをプレゼントする「私のあしながおじさんプロジェクト」などを展開している[1]。

　alaの取り組みは，その成果検証結果とともに各地の文化施設や文化行政に影響を与えつつあり，公益社団法人日本劇団協議会は「やってみようプロジェクト　演劇のもつ創造のパワーを社会課題解決に役立てるコミュニケーショ

ンワークショップ」として演劇のワークショップを2016年度から各地で実施しており，劇団が地域の劇場や NPO との協力関係のもと「安心・安全な居場所をつくり，誰ひとり取り残されない社会の実現を目指」している[2]。

### 〔事例〕フリースクールでの演劇による自己表現ワークショップ

　同様の取り組みの一例として，筆者がコーディネートと成果検証に関わった福岡市内のフリースクールにおける事例を紹介する。このフリースクールでは福岡市の文化施設「なみきスクエア」との連携により2018年度後半から演劇による自己表現ワークショップに取り組んでいる。

　以下，この取り組みの2018年度参加者であった A さん（中学 1 年女子。全10回の活動中 7 回に参加）の変化について述べる。

★活動開始前の A さんの様子

　○表情が乏しい。

　○話しかけても声を出して返事が返ってくることがあまりない。

★A さんの変化

　○当初の無表情でほとんど声を発しない状況から，口元を手で隠しながらクスクスと笑う場面が頻繁に見られるようになり，活動の中では一緒にいる仲間に聞こえる程度の音量で声も出すようになった。

　○3 回目の活動中，みなに見られている中で泣いてしまったため，それ以降の活動に参加できるか心配したが，自分の意思で参加を続け，相手に声が届いていないときにはやり直してきちんと届けようとする様子，そしてそんな自分をファシリテーターに認めてほしいと思っている様子が見てとれた。この出来事が転機になったのか，日常生活でも笑顔を見せることが増え，鼻歌を歌うなどフリースクールの先生方も驚くほどの変化が認められている。身体表現を伴う活動も，動きは小さいながらしっかり参加し，チームでの活動でも役割を果たしている。

　○ただし，1 対 1 で向き合っても目が合わない状況は変わりなく，人の視線が気になるのか，ストレッチや呼吸法などの活動には依然として抵抗があるようである。

　A さんの様子からは，なんらかの背景によって彼女が抱く生きづらい思い

が，ある程度緩和されたことがうかがえる。しかしながら取り組みを総括すると，Ａさんを含む参加者全体の状況について，数回のワークショップでは変化のきざしが見えながら，その変化が日常生活にまでは及ばなかった。それでも継続的な活動が行われればさらなる変化が見込めるのではないかという期待が関係者（大人）に持たれている。

## 2. 地域共生社会とアート[3)]

　芸術文化と社会づくりに関連して，もう一つのキーワードとして地域共生社会をとりあげたい。地域共生社会の構築は，主として厚生労働省による社会保障制度の考え方のなかで議論されているが，これからの日本社会において広く理解されると想定される概念であり，芸術文化との関わりも幅広い場面で導入される可能性が感じられる。

　現代日本社会は少子高齢化の急激な進行による人口構造の変化が起こっている。2060年には日本の人口は8,808万人になり老齢人口が38.4％，年少人口が10.2％，それに対して生産年齢人口51.4％と，生産年齢人口一人が老齢または年少の人一人を支える計算になる。

　こうした状況から，さまざまな社会政策の転換が求められるようになっており，国民がその居住する地域で互いに支え合う社会の重要性が唱えられるようになっている。このことは社会課題に対して個別の政策・制度を適用するのでなく，地域で生活する「人」にフォーカスした統合的な政策への転換も必然となる。

　現在は主として高齢者福祉の領域で医療・介護・予防・住まい・生活支援の仕組みを包括する「地域包括ケア」，「障害者自立支援」そして「生活困窮者自立支援」と対象者別に整理されている制度を全年齢，全対象型の地域包括支援に組み替えることが地域共生社会へのコンセプトである。

　地域共生社会では，すべての人の生活の基盤である地域において，人と資源，支え・支えられる関係が循環することが想定されている。このような社

　会は当然のことながら，誰も孤立させない社会包摂の概念が基盤になる。社会包摂の実現に加え，経済も含めた自立のシステムを地域での支え合いに求めるものであると理解できる。

　全年齢，全対象型のシステムであるからには，さまざまな生きづらさを抱える人も，そうでない人も含めすべての人が対象となるが，そこでは生きづらい人にフォーカスをあてる，いわばユニバーサルデザインのような考え方が重要であるといえよう。

　このような社会の構築に向けて，すでに各方面で取り組みが行われているが，特に障害者自立支援に関わる領域では芸術文化に関わる活動が推進されている。2010年代以降，文化政策の基本となる法律や基本計画に障害者の芸術文化活動に関わる文言が取り入れられているほか，障害者文化芸術活動推進法（2018年）が成立し，障害者による芸術活動の鑑賞や創造を推進することを国や自治体が推進することが定められた。

　地域共生社会において，芸術文化の力を活用できる部分は，障害者自立支援の分野だけではない。例えば既存の地域包括ケアシステムの領域でも医療，福祉（介護），人々の生きがいを支えるために芸術文化の人づくりの力が生かされるであろう。障害者自立支援の領域では，芸術文化活動の鑑賞，創造の推進から創造された作品の商品化などにも関わってくる。生活困窮者支援については，後述の演劇の手法を活用した就労支援講座の開催などもその一環となる。

---

〔事例〕パーキンソン病の人々のダンス活動

　高齢化が進展するなか，病気になっても生き生きとした生活を地域で送り続けることは重要である。福岡市内で行われている PD ダンス（parkinson's dance/perfect dance）は，ダンスアーティストのマニシア氏によって2016年に開始された。パーキンソン病患者を対象とし，原則として月に１回のダンス活動を継続的に実施している。筆者はこの活動による参加者への影響について，活動参加者へのグループインタビューを行った。

◎インタビューの概要：2019年２〜４月にかけて３回のダンスレッスン終了

116

後にグループインタビュー形式で実施。ダンス活動による自身の変化について自由に語ってもらった。インタビュー参加者は11名（実数）。

　インタビューの結果，PD ダンス参加者は，身体性・精神性・社会性・表現性の4分野にわたり影響を受けていることがわかった。参加者は，パーキンソン病特有の運動機能の障害が活動中は緩和する場合があること，身体を使った表現を楽しみながら参加できることから，病を持ちながらも社会性や QOL を維持することができている。また，患者を支える家族やボランティアは，患者の生き生きとした姿を目にすることに喜びを感じている。

写真12-1　「PD ダンス」の公演の一場面
（写真提供：Dance for PD Japan）

〔事例〕ホームレス状態の人々の就労支援を演劇で

　仕事と住む場所を失ったホームレス状態の人々の就労自立支援を行う施設において，筆者は2014年度から演劇の手法を活用したコミュニケーション講座を実施している。

　ホームレス状態に至った人々の事情はさまざまだが，中にはいったん就労しても長続きせず不定就労の状態である人もいる。その背景にコミュニケーションの問題があり，就労後の職場や日常生活における人間関係を円滑に保つために必要なスキルを得る機会が必要とされている。

> この講座では社会心理学の専門家による成果検証も導入しており，コミュニケーションに課題を抱えた人々の能力を標準的な水準にする効果があることが明らかになっている。演劇によって視覚に訴えるわかりやすい手法であることから「この場面で自分ならどう振る舞うか」と想像力を働かせる機会となり，日ごろは他者と交流することを避け自分の世界に没入する傾向がある人々にプラスの刺激を与えるものと考えられる。

一人の人が高齢になり，障害を負い，生活に困る。なにも特別なことではなく，誰にでもやってくる将来である。地域社会の中でその人を支える仕組みをどうつくるか。答えは簡単ではないが，いろいろな人をつなぐ媒介としての芸術文化の存在が，この仕組みづくりの一助になるものと思われる。

注
1）　可児市文化創造センター ala 公式サイト（https://www.kpac.or.jp）参照。
2）　ala も日本劇団協議会も，成果を目に見える形で伝えるための評価活動にも力を入れており，それぞれの公式サイトでその結果を公表している。
　　日本劇団協議会公式サイト（www.gekidankyo.or.jp/）参照。
3）　この節は2019年3月9日に開催された厚生労働省九州厚生局「地域共生社会の構築に向けた九州・沖縄研究大会」で公開されたデータをもとにしている。九州厚生局公式サイト（https://kouseikyoku.mhlw.go.jp/kyushu）参照。

参考文献
阿部彩『弱者の居場所がない社会　貧困・格差と社会的包摂』講談社現代新書　2011年
岩田正美『社会的排除　参加の欠如・不確かな帰属』（初版第 6 刷）有斐閣　2016年
古賀弥生・藤本学「応用演劇によるホームレス就労自立支援の実践と成果」九州産業大学『地域共創学会誌』創刊号（pp. 23-39）2018年
古賀弥生「『自信とうぬぼれとドパミン』をダンスで：パーキンソン病患者を対象としたダンス活動（PD ダンス）に関する実践報告」『アートミーツケア』第 10号（pp. 91-100）2019年
古賀弥生「フリースクールにおける演劇ワークショップの実践と検証」九州産業大学『地域共創学会誌』第 2 号（pp. 23-34）2019年

# むすびにかえて

　本書を執筆中の2019年，私が住む福岡では東京オリンピック・パラリンピックを翌年に控えながら文化プログラムの展開による大きなうねりのようなものは感じられなかった。オリンピック・パラリンピックは新型コロナウイルスの影響により延期され，本書の増刷に合わせてこの一文を見直しているのは2021年10月。唯一，障害者とアートの領域に関する動きは活発に感じられるが，この動きは以前から民間団体が地道に積み重ねてきたものであり，行政施策による大きな進展があったようには見えない。オリンピック・パラリンピックの「レガシー」は何が遺されたのだろうか。

　それどころか，「あいちトリエンナーレ2019」で表面化した表現の自由や補助金に関連する行政あるいは行政担当者の意識の低さ，その背景にある多くの人の芸術文化への無関心に暗い気持ちにならざるをえない日々があった。

　ともあれ，私は私にできることを，今いる「場」でやっていく。その一念で，拙い文章を綴ってきた。何らかの意義を認めて，活用していただければ望外の喜びである。

　最後に，本書の執筆にあたってお世話になった方々に御礼を申し上げたい。お一人ずつ名前を挙げさせていただくことは控えるが，調査にご協力いただいた方々，内容確認に時間を割いてくださった方々に心から感謝の意を表したい。また，日ごろからお付き合いいただき，さまざまな示唆をくださるアーティストの皆様，文化政策・アートマネジメントの研究者・実践者の皆様のおかげで私の活動は支えられている。主宰するNPO「アートサポートふくおか」のメンバーや，事業にご参加くださる文化行政・文化施設ご担当者の皆様，文化と地域・社会の関係に関心を寄せる方々，大学で接する学生たちの，私の話に対するリアクションが「想い」を形にする原動力になっている。表

紙デザインと各章扉のイラストは福岡のデザイン事務所「クルール」さんにお願いし，ややカタめの本書にやわらかく温かな風合いを与えてもらった。本書の編集・出版の労をとっていただいた一般財団法人九州大学出版会の皆様にも御礼を申し上げる。

　関わってくださった皆様がお幸せでありますように。

2019年の暮れに。　古賀弥生
（2021年10月補記）

〈著者略歴〉

古賀弥生（こが・やよい）

1985年，九州大学法学部卒業後，福岡市役所入庁。在職中から芸術文化と社会をつなぐアートマネジメントを学び，芸術文化を身近に楽しめるまちづくりのための提言やフォーラム開催など実践活動を行う。福岡市役所では広報，都市景観等の部署を経験後，2001年12月退職。02年1月，NPO「アートサポートふくおか」を設立し代表に就任。「アートサポートふくおか」は「誰もが芸術文化を身近に楽しめる環境づくり」をミッションとし，芸術体験の機会拡大や文化政策に関する情報提供などを事業の柱として活動している。

2006年，京都橘大学文化政策学研究科博士後期課程修了。文化政策学博士。活水女子大学文学部現代日本文化学科教授を経て，九州産業大学地域共創学部教授。2022年4月，芸術文化観光専門職大学に着任。

芸術文化と地域づくり
——アートで人とまちをしあわせに——

2020年3月31日　初版発行
2021年11月10日　初版第2刷発行

著　者　古　賀　弥　生

発行者　笹　栗　俊　之

発行所　一般財団法人 九州大学出版会
　　　　〒814-0001　福岡市早良区百道浜3-8-34
　　　　九州大学産学官連携イノベーションプラザ305
　　　　電話　092-833-9150
　　　　URL　https://kup.or.jp
　　　　印刷・製本／城島印刷㈱